当代中国微记录

GLIMPSES OF CONTEMPORARY CHINA

「我爱我家」

HOME SWEET HOME

李禄兴　主编

李禄兴　李旺斌　编著

Chief compiler: Li Luxing

Compilers: Li Luxing Li Wangbin

SinolinguA

华语教学出版社

First Edition 2019

ISBN 978-7-5138-1637-3

Published by Sinolingua Co., Ltd
24 Baiwanzhuang Road, Beijing 100037, China
Tel: (86)10-68320585 68997826
Fax: (86)10-68997826 68326333
http://www.sinolingua.com.cn
E-mail: hyjx@sinolingua.com.cn
Facebook: www.facebook.com/sinolingua
Printed by Beijing Xicheng Printing Co. Ltd

Printed in the People's Republic of China

编者的话

近年来，中国在国际上的影响力逐渐增强，很多人渴望了解中国，不仅想了解中国的古老文明，更希望了解当下的中国社会和普通中国人的日常生活。另外，随着孔子学院和孔子课堂在世界各地生根，大量学生，特别是中小学生在学习汉语过程中希望通过语言学习更直接地认识这个古老国家的今天是什么样子的。同时，笔者根据在海外多年的教学经历也体会到，如果一个学生对使用该语言的国家一无所知或知之不多，往往会影响他们对这种语言的学习兴趣。

了解中国，从细微处开始，于是有了这套“当代中国微记录”。这套书共 10 册，每一册着重介绍中国的某一方面，例如：饮食、交通、家庭，等等，针对新 HSK 水平考试 5 级以上汉语学习者，尽可能将词汇量限定在 2500-3000 范围以内，超范围词汇在词后直接加英文注释，以方便学习者阅读和理解。本套书以平民的视角、平实的语言和家长里短的故事性叙述，将当今中国的各个侧面展现在汉语学习者面前，汉语学习者可以边学汉语边达到了解现实中国的目的。为减轻学习者的畏难心理负担，每册书只有大概一万多汉字，并全部配有汉语拼音，附赠的拼音隐形卡可以给不需要拼音辅助的学习者提供帮助。书中有大量图片，便于学习者理解内容，对中国有更直观的认知。这套书可以作为孔子学院或孔子课堂的汉语教材使用，也可以做中国国情课的教材或汉语课外读物。

感知中国，从“当代中国微记录”开始！

编　者

目录 | CONTENTS

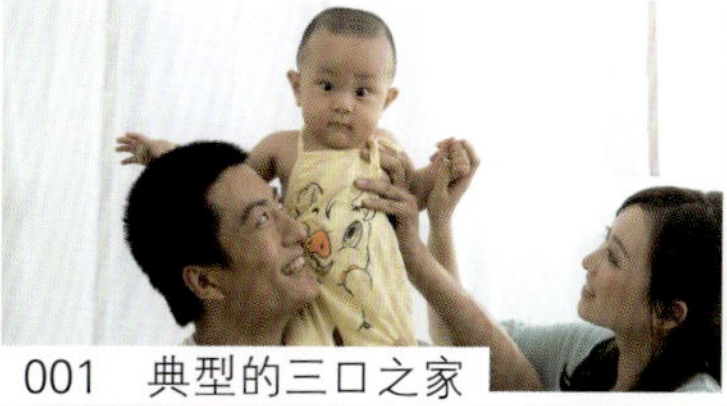

Diǎnxíng de Sān Kǒu zhī Jiā
典型的三口之家

Xiǎo Lǐ suì jiéhūn, jiéhūn hòu bù jiǔ, jiù gēn fùmǔ
小李30岁结婚，结婚后不久，就跟父母

fēnkāi jūzhù le. Qīzi qùnián shēngle gè érzi, xiànzài tāmen
分开居住了。妻子去年生了个儿子，现在他们

chéngle diǎnxíng de "sān kǒu zhī jiā". Tā měi tiān
成了典型(typical)的“三口之家”。他每天

xiàbān hòu, jiù jíjímángmáng gǎnhuí jiā li, yīnwèi tā xiǎng
下班后，就急急忙忙赶回家里，因为他想

zǎodiǎnr kàndào zìjǐ de érzi.
早点儿看到自己的儿子。

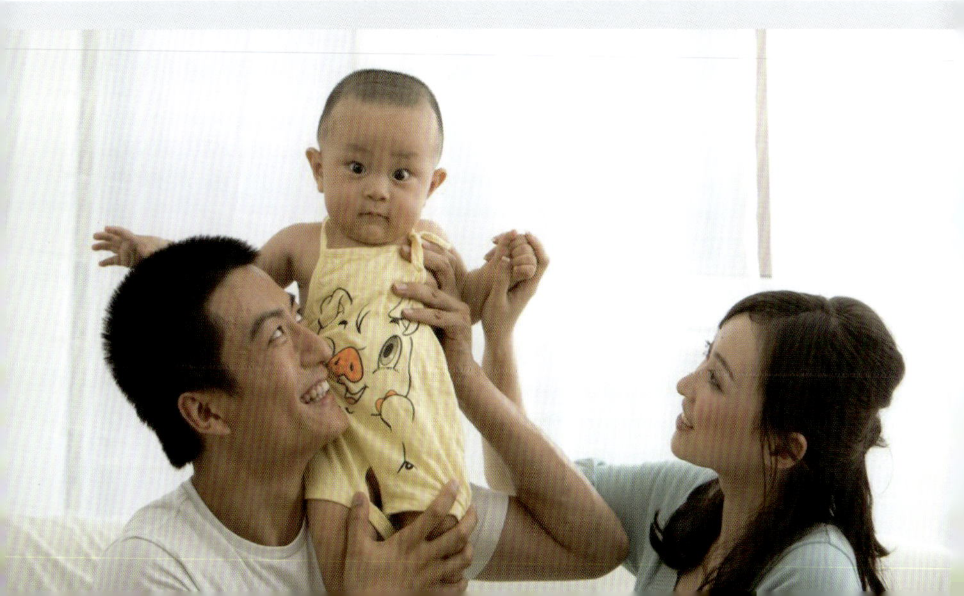

Méishìr de shíhou, XiǎoLǐ jīngcháng hé qīzi tǎolùn yí gè
没事儿的时候，小李经常和妻子讨论一个
wèntí, érzi zài chéngzhǎng guòchéng zhōng, lián gè xiōngdì jiěmèi
问题，儿子在成长过程中，连个兄弟姐妹
yě méiyǒu, duō gūdān a. Suǒyǐ tāmen yǒushíhou
也没有，多孤单(lonely)啊。所以他们有时候
xiǎng, rúguǒ děng érzi qī-bā suì de shíhou, zài shēng yí gè
想，如果等儿子七八岁的时候，再生一个
nǚ'ér duō hǎo a, zhèyàng yì ér yì nǚ, shì zuì lǐxiǎng de zhuàngtài
女儿多好啊，这样一儿一女，是最理想的状态
le. Dànshì tāmen zhǐnéng xiǎngxiang, shì bú dà kěnéng chéngwéi
了。但是他们只能想想，是不大可能成为
xiànshí de. Yīnwèi ànzhào mùqián de jìhuà shēngyù zhèngcè,
现实的。因为按照目前的计划生育政策①，
yībān qíngkuàng xià, yí duì fūqī zhǐnéng shēng yí gè háizi,
一般情况下，一对夫妻只能生一个孩子，
suǒyǐ mùqián de jiātíng dàdōu shì " bàba māma yí gè
所以目前的家庭大都是“爸爸+妈妈+一个
háizi" de jiégòu.
孩子”的结构。

Zài sān kǒu zhī jiā zhōng, háizi zìrán chéngle jiātíng de
在三口之家中，孩子自然成了家庭的

① The Family Planning policy is the population control policy of the People's Republic of China. It restricts couples to only one child, while allowing additional children in several cases, including twins, ethnic minorities, and couples who are both only children themselves. The Special Administrative Regions of Hong Kong and Macao are completely exempt from the policy. This policy was introduced in 1978 and initially applied from 1979. It was created by the Chinese government to alleviate social, economic, and environmental pressures brought by the large population.

zhōngxīn, jīhū shì yào shénme gěi shénme. Yǒu rén bǎ Zhōngguó
中心，几乎是要什么给什么。有人把中国

de dúshēngzǐnǚ jiào "xiǎohuángdì", shuōmíng
的独生子女叫"小皇帝(little emperor)"，说明

tāmen zài jiātíng zhōng de dìwèi. Chúle fùmǔ zhīwài, zhège
他们在家庭中的地位。除了父母之外，这个

háizi hái dédàole yéye nǎinai, lǎoye lǎolao de guānxīn, yúshì
孩子还得到了爷爷奶奶、姥爷姥姥的关心，于是

jiù xíngchéngle "liù gè jiāzhǎng yí gè háizi" de xiànzhuàng,
就形成了"六个家长一个孩子"的现状，

yě jiù shì liù gè chéngniánrén wéizhe yí gè háizi zhuàn. Xiǎo Lǐ
也就是六个成年人围着一个孩子转。小李

de qíngkuàng yě shì rúcǐ, háizi cóng xiǎo chī de, chuān de,
的情况也是如此，孩子从小吃的、穿的、

yòngde, dōu shì zuì hǎo de,
用的，都是最好的，

tāmen dǎsuàn jiānglái ràng háizi
他们打算将来让孩子

shàng zuì hǎo de xuéxiào, shòu
上最好的学校，受

zuì hǎo de jiàoyù.
最好的教育。

Zhège sān kǒu zhī jiā zhōng
这个三口之家中

de guānxì bǐjiào jiǎndān. XiǎoLǐ
的关系比较简单。小李

fēicháng ài zìjǐ de qīzi,
非常爱自己的妻子，

suǒyǐ chùchù guānxīn tā . Lìrú jiéhūn jìniànrì , guòjié ,
所以处处关心她。例如结婚纪念日、过节、

guò shēngri tā dōu jìzhe mǎi xiānhuā sòng gěi qīzi , jiā li de
过生日他都记着买鲜花送给妻子，家里的

“ cáizhèng dàquán ” zìrán yě
“财政大权 (a say over financial issues)”自然也

shì qīzi zhǎngguǎn , gōngzīkǎ zài jiéhūn dì-yī tiān jiù jiāo gěile
是妻子掌管，工资卡在结婚第一天就交给了

qīzi , dāngrán zìjǐ de línghuāqián qīzi háishi yì fēn bù shǎo de
妻子，当然自己的零花钱妻子还是一分不少地

gěi . Qīzi duì zhàngfu yě shì guānxīn bèizhì , zhàngfu de yīfu ,
给。妻子对丈夫也是关心备至，丈夫的衣服、

shǒujī , diànnǎo děng dōu shì qīzi bāng zhe tiāoxuǎn . Qīzi mǎi
手机、电脑等都是妻子帮着挑选。妻子买

cài , zuòfàn , zuò jiāwù , bǎ
菜、做饭，做家务，把

jiāli gǎo de jǐngjǐngyǒutiáo .
家里搞得井井有条。

Dāngrán , tāmen yě yǒunào
当然，他们也有闹

máodùn de shíhou . Yǒushíhou
矛盾的时候。有时候

wèile háizi , yǒushíhou wèile
为了孩子，有时候为了

yìxiē qítā de xiǎoshì . Bǐrú
一些其他的小事。比如

qián liǎng tiān qīzi gěi tā dǎle
前两天妻子给他打了

sān gè diànhuà， fāle liǎng tiáo duǎnxìn，dōu méi jiàn tā de dáfù.
三个电话，发了两条短信，都没见他的答复。
Qīzi hěn shēngqì："Wèi shénme nǐ bù huídiànhuà hé duǎnxìn?
妻子很生气："为什么你不回电话和短信？
Nándào nǐ jiù nàme máng ma? Nǐ xīn li hái yǒu méiyǒu wǒ?"
难道你就那么忙吗？你心里还有没有我？"
Búguò děng XiǎoLǐ jiěshì wán yuányīn yǐhòu， qīzi biǎoshì lǐjiě
不过等小李解释完原因以后，妻子表示理解
le， zhèxiē dōu shì xìngfú shēnghuó zhōng de xiǎo chāqǔ.
了，这些都是幸福生活中的小插曲(episode)。

Yǐqián tāmen měi gè yuè de gōngzī jīběn dōu huā guāng，
以前他们每个月的工资基本都花光，
hàochēng "yuèguāngzú"
号称(to name)"月光族"(living paycheck to
， dàn zìcóng yǒule háizi yǐhòu， tāmen juédìng wèi
paycheck)，但自从有了孩子以后，他们决定为
zhège jiā zuò gèng duō kǎolǜ. Tāmen yào wèi háizi cúnqián，
这个家做更多考虑。他们要为孩子存钱，
yǐhòu háiyào wèi érzi mǎi fángzi. Bù guāng shì tāmen， hěn
以后还要为儿子买房子。不光是他们，很
duō sānkǒu zhī jiā dōu shì zhèyàng. Xiǎo Lǐ de tóngshì Lǎo Liú de
多三口之家都是这样。小李的同事老刘的
érzi， jīnnián kuài yào jiéhūn le， Lǎo Liú liǎng nián qián jiù wèi
儿子，今年快要结婚了，老刘两年前就为
érzi mǎixiàle yí tào zhùfáng， zhèyàng érzi jiù kěyǐ zài zìjǐ
儿子买下了一套住房，这样儿子就可以在自己
de xīnfáng li jiéhūn le， hūnhòu zǐnǚ yǒule dúlì de zhùfáng，
的新房里结婚了，婚后子女有了独立的住房，

jīngjì shang de yālì jiù huì xiǎo yìxiē . Lǎo Liú de zuòfǎ hěn yǒu
经济上的压力就会小一些。老刘的做法很有

dàibiǎoxìng, yóuqí shì yǒu érzi de jiātíng .
代表性，尤其是有儿子的家庭。

Zhège jiātíng de shèhuì guānxi yě bìng bù fùzá . Zhōumò
这个家庭的社会关系也并不复杂。周末

de shíhou, tāmen chángcháng dàizhe háizi qù gèzì de fùmǔ
的时候，他们常常带着孩子去各自的父母

jiā . Dāngrán, yǒushíhou fùmǔ yě huì lái zhège xiǎojiā,
家。当然，有时候父母也会来这个小家，

bāngzhe zhàogù yíxià, huò kànkan háizi . Ǒu'ěr yě huì yǒu
帮着照顾一下，或看看孩子。偶尔也会有

péngyou, tóngshì lái jiāli jù yi jù, nà shíhou, qīzi jiù
朋友、同事来家里聚一聚，那时候，妻子就

huì shāo jǐ gè náshǒucài, zhāodài tāmen .
会烧几个拿手菜，招待他们。

Tāmen yě chángcháng qù fùjìn de gōngyuán, ràng háizi duō
他们也常常去附近的公园，让孩子多

jiēchù dàzìrán, péiyǎng háizi de xìngqù àihào . Kànzhe háizi
接触大自然，培养孩子的兴趣爱好。看着孩子

yì tiāntiān zhǎngdà, tāmen tèbié kāixīn . Tāmen bù xīwàng zìjǐ
一天天长大，他们特别开心。他们不希望自己

de érzi jiānglái shì "xiǎohuángdì", tāmen xīwàng tā jiānglái yǒu
的儿子将来是“小皇帝”，他们希望他将来有

dàodé, yǒu lǐmào, yǒu wénhuà, ài láodòng, zhè
道德(moral)，有礼貌，有文化，爱劳动，这

yě shì Zhōngguó chuántǒng měidé . Suǒyǐ tāmen rènwéi duì
也是中国传统美德(virtue)。所以他们认为对

háizi búyào tài nì'ài , gāi guǎnjiào de shíhou háishi yào
孩子不要太溺爱 (to spoil)，该管教的时候还是要
guǎnjiào , dànshì zuì zhòngyào de shì jiàoyù fāngfǎ , shǒuxiān búyào
管教，但是最重要的是教育方法，首先不要
ràng háizi de xīnlíng shòudào shānghài , yào péiyǎng tā jiànquán de
让孩子的心灵受到伤害，要培养他健全的
réngé .
人格。

Zhōngguó zhège dà shèhuì , jiùshì yóu wúshù gè zhèyàng de
中国这个大社会，就是由无数个这样的
" sānkǒu zhī jiā " zǔchéng de . Zhōngguó Shèhuì Kēxuéyuàn zài duì
“三口之家”组成的。中国社会科学院在对
Guǎngzhōu , Hángzhōu , Zhèngzhōu , Lánzhōu hé Hā'ěrbīn wǔ gè
广州、杭州、郑州、兰州和哈尔滨五个
chéngshì hù jìnxíng diàochá hòu , rènwéi Zhōngguó jiātíng
城市 4013 户进行调查后，认为中国家庭
jiégòu fāshēngle gēnběnxìng de gǎibiàn , hù píngjūn jiātíng
结构发生了根本性的改变，4013 户平均家庭
rénkǒu wéi rén , sānkǒu zhī jiā shì mùqián Zhōngguó jiātíng de
人口为 3.22 人，三口之家是目前中国家庭的
zhǔyào móshì , zhè yě fúhé guójì shang suǒ rèndìng de xiàndài
主要模式，这也符合国际上所认定的现代
jiātíng de móshì .
家庭的模式。

Měi gè jiātíng měi tiān dōu zài fāshēngzhe hěn duō gùshi , yǒu
每个家庭每天都在发生着很多故事，有
de xìngfú , yǒude tòngkǔ , yǒu de wúnài .
的幸福，有的痛苦，有的无奈。

XiāngqīnXiāng'ài Yì Jiā Rén

相亲相爱一家人

Yáng Méi jiéhūn liǎng nián le , zhàngfu shì yì jiā gōngsī de
杨梅结婚两年了，丈夫是一家公司的

yèwùyuán , měi tiān pǎo dōng pǎo xī de , hé tā zài yìqǐ
业务员，每天跑东跑西的，和她在一起

de shíjiān búshì hěn duō . Yáng Méi shì yì jiā shāngchǎng de
的时间不是很多。杨梅是一家商场的

shòuhuòyuán , tā zhīdào zhàngfu de xīnkǔ , duì zhàngfu fēngcháng
售货员，她知道丈夫的辛苦，对丈夫非常

guānxīn . Yǒushíhou zhàngfu zàijiā chīzhe fàn , diànhuà jiù lái le ,
关心。有时候丈夫在家吃着饭，电话就来了，

tā zhǐhǎo mǎshàng chūqu , Yáng Méi yě yǐjīng xíguàn le .
他只好马上出去，杨梅也已经习惯了。

Shēngle érzi yǐhòu , Yáng Méi cíqù le
生了儿子以后，杨梅辞去 (to resign) 了

gōngzuò , zài jiā li zhuānmén zhàogù háizi . Zhàngfu zǎoshang
工作，在家里专门照顾孩子。丈夫早上

chūmén , bǎobao hái zài shuìjiào , yèli zhàngfu huíjiā , bǎobao
出门，宝宝还在睡觉，夜里丈夫回家，宝宝

yǐjīng shuìzháo le . Zhàngfu hěn gǎntàn , érzi dōu bú rènshi
已经睡着了。丈夫很感叹，儿子都不认识

bàba le , rán'ér Yáng Méi zǒngshì wēixiào zhe shuō , děng bǎobao
爸爸了，然而杨梅总是微笑着说，等宝宝

zhǎngdà le , jiù huìzhīdào bàba de xīnkǔ .
长大了，就会知道爸爸的辛苦。

Háizi yì tiān yì tiān de zhǎngdà , zhàngfu háishi zài yì tiān
孩子一天一天地长大，丈夫还是在一天

yì tiān de mángzhe . Yáng Méi yījiù zhàogù háizi , zuò jiāwù ,
一天地忙着。杨梅依旧照顾孩子，做家务，

děng zhàngfu huíjiā . Yáng Méi hěn mǎnzú , tā yǒu gè ài tā de
等丈夫回家。杨梅很满足，她有个爱她的

zhàngfu , suī bù néng tiāntiān zài yìqǐ , kě zhàngfu shì wèile
丈夫，虽不能天天在一起，可丈夫是为了

zhège jiā , wèile tāmen de shēnghuó zài máng ; tā yǒu gè kě'ài de
这个家，为了他们的生活在忙；她有个可爱的

érzi , suī hái bú huì shuōhuà , kě měi tiān néng péi zài shēnbiān ,
儿子，虽还不会说话，可每天能陪在身边，

Yáng Méi yìdiǎnr yě bú jìmò , tā gǎndào zìjǐ hěn xìngfú .
杨梅一点儿也不寂寞，她感到自己很幸福。

Měi tiān zhàngfu yí jìn jiā , Yáng Méi jiù gǎnjǐn pǎo shàng
每天丈夫一进家，杨梅就赶紧跑上

qiánqù , zhàngfu huì gěi tā yí gè shēnshēn de wěn , tā jiù zài
前去，丈夫会给她一个深深的吻，她就在

zhàngfu de huái li jìngjìng de dāi shàng yíhuìr . Tuōxià zhàngfu
丈夫的怀里静静地待上一会儿。脱下丈夫

de wàiyī , pào shàng yì bēi rè chá , érzi zài pángbiān kàn zhe
的外衣，泡上一杯热茶，儿子在旁边看着

tāmen , gēgē de xiào .
他们，咯咯地笑。

Jǐnguǎn zhàngfu hěn máng , què zǒng wàngbuliǎo Yáng Méi zài jiā
尽管丈夫很忙，却总忘不了杨梅在家

děng tā , pàn tā . Rúguǒ bù néng huíjiā , zhàngfu zǒng yào dǎ gè
等他，盼他。如果不能回家，丈夫总要打个

diànhuà , hǎo ràng Yáng Méi ānxīn . Yǒushí zhàngfu huílai hěn wǎn ,
电话，好让杨梅安心。有时丈夫回来很晚，

dàizhe yì shēn de jiǔqì , Yáng Méi zǒngshì yòng máojīn cāshì
带着一身的酒气，杨梅总是用毛巾擦拭

zhàngfu de liǎn , duānlái rèshuǐ , háiyǒu jiějiǔ de yào .
(to clean) 丈夫的脸，端来热水，还有解酒的药。

Yì jiā sān kǒu xiǎorìzi guò de hěn měimǎn .
一家三口小日子过得很美满。

Pópo shēngbìng le , Yáng Méi bàozhe háizi , zuòshàng
婆婆生病了，杨梅抱着孩子，坐上

chángtú qìchē qù kànwàng tā . Lǎorén xíguànle xiāngxià de
长途汽车去看望她。老人习惯了乡下的

shēnghuó , búyuàn dào chéng li shēnghuó , Yáng Méi jiù cháng
生活，不愿到城里生活，杨梅就常

dài háizi qù kàn lǎorén , zhàngfu xīnli hěn gǎnjī , tā gèng ài
带孩子去看老人，丈夫心里很感激，他更爱

Yáng Méi le .
杨梅了。

Měi dào guònián , guòjié de shíhou , zhàngfu zǒng yào jǐchū
每到过年、过节的时候，丈夫总要挤出

shíjiān , dài lǎopo háizi qù guàng gōngyuán . Zhège shíhou ,
时间，带老婆孩子去逛公园。这个时候，

Yáng Méi zǒng xiàng gè háizi shìde , zuò guòshānchē , huá
杨梅总像个孩子似的，坐过山车，划

xiǎochuán， fǎngfú huídào gāng rènshi zhàngfu de shíhou， tā kāixīn
小船，仿佛回到刚认识丈夫的时候，她开心
kuàilè de xiàng gè xiǎogōngzhǔ.
快乐得像个小公主。

Yǒushí zhàngfu zài wàimian hējiǔ， chī de bù hǎo， yè li
有时丈夫在外面喝酒，吃得不好，夜里
huídào jiā， Yáng Méi zhǔn huì duānshàng yì wǎn rèténgténg
回到家，杨梅准会端上一碗热腾腾(hot)
de miàntiáo， zhàngfu zǒngshì yào Yáng Méi péizhe yìqǐ chī， jǐnguǎn
的面条，丈夫总是要杨梅陪着一起吃，尽管
Yáng Méi bú ài chī miànshí —— tā shì nánfāngrén， zhàngfu què
杨梅不爱吃面食——她是南方人，丈夫却

shì dìdao de běifāngrén . Rìzi jiǔ le , Yáng Méi kāishǐ yǒuxiē
是地道的北方人。日子久了，杨梅开始有些
fāpàng , yǐqián de yīfu chuān zài shēn shang hěn jǐn , tā zìjǐ
发胖，以前的衣服穿在身上很紧，她自己
juéde hěn nánkàn , kě zhàngfu shuō , zhèyàng de nǚrén cái shì
觉得很难看，可丈夫说，这样的女人才是
zhēnzhèng de nǚrén .
真正的女人。

Háizi huì zǒulù le , huì shǔshùr le , Yáng Méi bǎ bǎobao
孩子会走路了，会数数儿了，杨梅把宝宝
sòng jìnle yòu'éryuán . Měi cì jiē háizi de shíhou , tā zǒngshì
送进了幼儿园。每次接孩子的时候，她总是
dǎban de xiàng gè yòuér jiàoshī , bùzhīdào de rén hái yǐwéi tā shì
打扮得像个幼儿教师，不知道的人还以为她是
háizi de lǎoshī ne . Tā yìzhí shì nàme de piàoliang , gànjìng ,
孩子的老师呢。她一直是那么的漂亮、干净，
méiyǒu jiātíng zhǔfù de lāodao , yě cónglái bú
没有家庭主妇的唠叨 (chattering)，也从来不
bàoyuàn shénme .
抱怨 (to complain) 什么。

Měi cì zhàngfu chūchāi huílai , miǎnbuliǎo gěi Yáng Méi hé
每次丈夫出差回来，免不了给杨梅和
érzi dài lǐwù , ér Yáng Méi yě jīngcháng gǎibiàn jiāli de bùjú
儿子带礼物，而杨梅也经常改变家里的布局
, zǒngshì ràng zhàngfu yǎn qián yí liàng , zhàngfu
(arrangment)，总是让丈夫眼前一亮，丈夫
jǐ cì dōu yǐwéi zìjǐ zǒucuòle mén . Bǐcǐ jīngcháng gěi duìfāng
几次都以为自己走错了门。彼此经常给对方

dàilái yìxiē yìwài de jīngxǐ, shēnghuó huì gèng xìngfú.
带来一些意外的惊喜，生活会更幸福。

Zhèyàng de jiātíng zài Zhōngguó tài duō tài duō. Fūqī gǎnqíng
这样的家庭在中国太多太多。夫妻感情

hǎo, duì shuāngfāng de fùmǔ yě hǎo, měi tiān méi shénme dà de
好，对双方的父母也好，每天没什么大的

shìqing, dàn tāmen shēnghuó de ānjìng, xìngfú. Jīnnián
事情，但他们生活得安静、幸福。今年68

suì de Zhuāng Míngchéng yì jiā dōu héhéqìqì. Tāmen yǒuzhe
岁的庄明城一家都和和气气。他们有着

gòngtóng de xìngqù àihào: rè'ài shūhuà. Zhèzhǒng gòngtóng de
共同的兴趣爱好：热爱书画。这种共同的

xìngqù, ràng tāmen de jiā chōngmǎn kuàilè.
兴趣，让他们的家充满快乐。

Duìyú jiātíng xìngfú, měi gè rén dōu yǒu zìjǐ de lǐjiě,
对于家庭幸福，每个人都有自己的理解，

Yáng Méi shuō: "Wǒ juéde, zuì zhòngyào de shì jiātíng nèibù
杨梅说："我觉得，最重要的是家庭内部

yào héxié, jiātíng chéngyuán yào hùxiāng zūnzhòng àihù, yǒu
要和谐，家庭成员要互相尊重爱护，有

shénme wèntí jíshí gōutōng, zhèyàng cáinéng xiāngqīnxiāng'ài
什么问题及时沟通，这样才能相亲相爱，

xiéshǒu qiánxíng."
携手前行。"

Dúshēng Chū Zhǎngchéng

独生子女初长成

Liú Xīng shì nián chūshēng de, gēn nàge niándài
刘星是1984年出生的，跟那个年代

chūshēng de rén yíyàng, tā shì jiā li wéiyī de háizi, jiào
出生的人一样，他是家里唯一的孩子，叫

"dúshēngzǐ". Xiànzài Liú Xīng yǐjīng dàxué bìyè, zìjǐ chénglìle
“独生子”。现在刘星已经大学毕业，自己成立了

yì jiā diànnǎo gōngsī. Zhèxiē nián shēngyi zuò de hěn hǎo, tā
一家电脑公司。这些年生意做得很好，他

zhuànle bù shǎo qián. Zhuànqián yǐhòu, tā méiyǒu qù mǎi háohuá
赚了不少钱。赚钱以后，他没有去买豪华

de fángzi hé qìchē, ér shì mángyú bāngzhù cánjí
的房子和汽车，而是忙于帮助残疾(physical

értóng de shìyè, wèi tāmen juānkuǎn,
disability)儿童的事业，为他们捐款(to donate)，

jiànzào xuéxiào, wéi háizimen de xìngfú bùtíng de mángzhe. Tā yě
建造学校，为孩子们的幸福不停地忙着。他也

yīncǐ bèi píngwéi "àixīn qǐyèjiā".
因此被评为“爱心企业家”。

Liú Xīng de fùmǔ hěn zhīchí tā zhèyàng zuò, jǐnguǎn tā de
刘星的父母很支持他这样做，尽管他的

fùmǔ hái jūzhù zài yí gè duō píngmǐ de fángzi li, dàn tāmen
父母还居住在一个60多平米的房子里，但他们

juéde , fángzi gòu zhù jiù xíng , bù xūyào nàme dà , nàme
觉得，房子够住就行，不需要那么大，那么

háohuá . Liú Xīng bǎ qián yòng zài shèhuì fúlì shang ,
豪华。刘星把钱用在社会福利(welfare)上，

shì jiàn fēicháng hǎo de shìqing , néng ràng zuì xūyào bāngzhù de rén
是件非常好的事情，能让最需要帮助的人

dédào bāngzhù .
得到帮助。

Liú Xīng zhè yí dài céngjīng bú bèi rénmen kànhǎo . Rénmen bǎ
刘星这一代曾经不被人们看好。人们把

tāmen jiàozuò “ hòu ” , yìsi shì èrshí shìjì bāshí niándài
他们叫做“80后”，意思是二十世纪八十年代

yǐhòu chūshēng de , tāmen dōushì dúshēng zǐnǚ , dúshēng zǐnǚ
以后出生的，他们都是独生子女，独生子女

shì jiā li wéiyī de háizi , fùmǔ duì tāmen guòfèn chǒng'ài ,
是家里唯一的孩子，父母对他们过分宠爱，

yào shénme gěi shénme , suǒyǐ tāmen wǎngwǎng zìsī , bàdào
要什么给什么，所以他们往往自私、霸道

, quēfá àixīn , shèhuì shang céng duì tāmen
(overbearing)、缺乏爱心，社会上曾对他们

yǒu hěn duō fùmiàn de xuānchuán hé bàodào . Xiànzài
有很多负面(negative)的宣传和报道。现在

shèhuì shang yòu chūxiànle “ hòu ” “ hòu ” , jiānglái hái
社会上又出现了“90后”“00后”，将来还

huì yǒu “ hòu ” “ hòu ” ... Rénmen juéde tāmen
会有“10后”“20后”……人们觉得他们

jìchéngle “ ” hòu de tèdiǎn , hěn duō fāngmiàn shènzhì bùrú
继承了“80”后的特点，很多方面甚至不如

“ hòu ” .
“80 后”。

duō nián qián , Zhōngguó kāishǐ shíxíng jìhuá shēngyù
30 多年前，中国开始实行计划生育

zhèngcè —— tíchàng yí duì fūfù zhǐ shēngyù yí gè háizi .
政策——提倡一对夫妇只生育一个孩子。

nián , Měiguó yì jiā zázhì kāndēngle tíwéi 《 Yí Dà Qún
1985 年，美国一家杂志刊登了题为《一大群

Xiǎohuángdì 》 de wénzhāng , dì-yī cì gěizhè yí dài dúshēng zǐnǚ
小皇帝》的文章，第一次给这一代独生子女

dàishàng le “ xiǎohuángdì ” de màozi . Zhīhòu , yì piān tíwéi
戴上了“小皇帝”的帽子。之后，一篇题为

《 Zhōngguóde “ Xiǎohuángdì ” 》 de bàogào wénxué fābiǎo le ,
《中国的“小皇帝”》的报告文学发表了，

shuō zhèxiē dúshēng zǐnǚ "zhī guǎn zìjǐ, bù guǎn jiātíng,
说这些独生子女"只管自己，不管家庭，
tāmen de dìwèi zài jiātíng, fùmǔ jí qīnshǔ zhī shàng." Hái
他们的地位在家庭、父母及亲属之上。"还
shuō, bùjiǔ de jiānglái, Zhōngguó jiāng huì jiājiā hùhù dōu yǒu
说，不久的将来，中国将会家家户户都有
gè "xiǎohuángdì".
个"小皇帝"。

Rújīn, dāng dì-yī dài dúshēng zǐnǚ zhǎngdà shí, céngjīng
如今，当第一代独生子女长大时，曾经
wèi "xiǎohuángdì" xiànxiàng dānyōu de rénmen fāxiàn: zhè shì
为"小皇帝"现象担忧的人们发现：这是
xiāngdāng yōuxiù de yí dài rén, suīrán tāmen yǒu quēdiǎn, dàn
相当优秀的一代人，虽然他们有缺点，但
zǒngtǐ shang tāmen yǒu
总体上他们有
shèhuì zérèngǎn
社会责任感 (sense of
, jiātíng
responsibility)、家庭
zérèngǎn, shènzhìyǒu hěn duō
责任感，甚至有很多
rén fēicháng néng chīkǔ, yǒu
人非常能吃苦，有
chuàngyè jīngshén, tāmen
创业精神，他们
bìng bù bǐ nǎ yí dài rén chà.
并不比哪一代人差。

Shìshí zhèngmíng， zhǒngzhǒng yóu “xiǎohuángdì” ér chǎnshēng
事实证明，种种由“小皇帝”而产生

de dānyōu， qíshí shì bú bìyào de. Rénmen suǒ dānxīn de yóu
的担忧，其实是不必要的。人们所担心的由

dúshēng zǐnǚ suǒ dàilái de shèhuì wēijī bìngwèi chūxiàn. Zhōngguó
独生子女所带来的社会危机并未出现。中国

de dúshēng zǐnǚmen， yǐjīng lìng rén fàngxīn de chéngwéi shèhuì
的独生子女们，已经令人放心地成为社会

de zhǔyào lìliàng.
的主要力量。

Yǔ niánqián rénmen de dānxīn hé piānjiàn
与20年前人们的担心和偏见(prejudice)

xiāngfǎn， dúshēng zǐnǚ zài shèhuì jiāowǎng fāngmiàn， bùbǐ
相反，独生子女在社会交往方面，不比

tónglíng de fēi dúshēngzǐnǚ chà， érqiě yǒuxiē bǐ tāmen gèng
同龄的非独生子女差，而且有些比他们更

hǎo. Běijīng mǒu yīyuàn fùyuànzhǎng cóng yí gè guǎnlǐzhě de
好。北京某医院副院长从一个管理者的

jiǎodù， pínglùn tā shǒuxià de dúshēng zǐnǚ： yǔ shàng yí dài de
角度，评论他手下的独生子女：与上一代的

fēi dúshēng zǐnǚ yǒu qūbié， méiyǒu nàme qínkuai ，
非独生子女有区别，没有那么勤快(diligent)，

dànshì dōu fēicháng cōngming yì xué jiù huì. nián， zài
但是都非常聪明，一学就会。2001年，在

Shànghǎi yìxiē dàgōngsī de zhāopìnzhōng， dúshēng zǐnǚ yǐ zhàn
上海一些大公司的招聘中，独生子女已占

dào ， zhè yí dài bèi rènwéi shì jiāoshēng-guànyǎng de háizi，
到90%，这一代被认为是娇生惯养的孩子，

fǎn’ér gěi gōngsī jiànshè dàiláile hěn duō xīn qìxiàng . Tāmen
反而给公司建设带来了很多新气象。他们
mínzhǔ hé fǎzhì guānniàn qiáng , sīwéi huóyuè , gèng néng jiēshòu
民主和法制观念强，思维活跃，更能接受
xīnjìshù , xīntiǎozhàn , gèng yǒu zhǔdòngxìng , chuàngzàoxìng ,
新技术、新挑战，更有主动性、创造性，
yě gèng néng zài jìngzhēng zhōng wèi gōngsī de fāzhǎn gòngxiàn
也更能在竞争中为公司的发展贡献
lìliàng .
力量。

Wèi shénme dúshēng zǐnǚ zhǎngdà chéngrén hòu , yuánlái
为什么独生子女长大成人后，原来
de yìxiē wèntí què bú nàyàng míngxiǎn le ? Yí wèi jiàoyù zhuānjiā
的一些问题却不那样明显了？一位教育专家
shuōmíngle yuányīn : jiātíng kěnéng huì bāoróng zìsī , mánhèng
说明了原因：家庭可能会包容自私、蛮横
de háizi , shèhuì què bú huì róngrěn
(rude and unreasonable) 的孩子，社会却不会容忍
“ xiǎohuángdì ”, “ dàhuángdì ” de cúnzài . Yì fāngmiàn xuéxiào
“小皇帝”、“大皇帝”的存在。一方面学校
zhòngshìle zhēnduì dúshēng zǐnǚ de jiàoyù , gèng zhòngyào de
重视了针对独生子女的教育，更重要的
shì , shèhuì yǒu dàjiā xūyào zūnshǒu de xíngwéi guīzé hé guīfàn ,
是，社会有大家需要遵守的行为规则和规范，
suízhe dúshēng zǐnǚ zhújiàn zhǎngdà , qí shèhuìhuà de chéngdù
随着独生子女逐渐长大，其社会化的程度
jiādà , shèhuì gǎizàole tāmen .
加大，社会改造了他们。

[redacted]

[redacted]

Dāngrán， yě yǒu yìxiē dúshēng zǐnǚ yǒu “bù hézuò，
当然，也有一些独生子女有“不合作、
guòyú zìwǒ， zhuīqiú xiǎngshòu， pà chīkǔ” děng suǒwèi
过于自我、追求享受、怕吃苦”等所谓
“dúshēng zǐnǚ xíqì”， dànshì dúshēng zǐnǚ hé fēi dúshēng
“独生子女习气”，但是独生子女和非独生
zǐnǚ zhījiān de xiāngtóngdiǎn， yuǎnyuǎn duōyú bùtóngdiǎn． Wúlùn
子女之间的相同点，远远多于不同点。无论
nǎge niándài， zhèyàng de rén dōu yǒu， dàn zhèyàng de rén bì jìng
哪个年代，这样的人都有，但这样的人毕竟
zhǐ shì jí shǎoshù．
只是极少数。

Dānshēn Nánnǚ

单身男女

Jīnnián suì de Wáng xiǎojiě shì mǒu gōngsī de jīnglǐ, yìzhí
今年36岁的王小姐是某公司的经理，一直

dānshēn. Shuōqǐ jiéhūn, tā yǒu zìjǐ de xiǎngfǎ. "Bǐ zìjǐ
单身。说起结婚，她有自己的想法。“比自己

chà de nánrén kànbushàng, yōuxiù yǒuqián de nánrén yòu jīhū dōu
差的男人看不上，优秀有钱的男人又几乎都

yǒu jiātíng le, rúguǒ zhǎo gè bù xǐhuan de rén jiéhūn, hái bùrú
有家庭了，如果找个不喜欢的人结婚，还不如

zìjǐ guò." Wáng xiǎojie shuō. Tā hěn xǐhuan dānshēng dúlì
自己过。”王小姐说。她很喜欢单身独立

de shēnghuó, xiǎng zuò shénme jiù zuò shénme. Tā xiànzài
的生活，想做什么就做什么。她现在

gōngzī hěn gāo, búdàn mǎile fáng, hái mǎile qìchē. Měi tiān
工资很高，不但买了房，还买了汽车。每天

zǎoshang, tā zǒngshì chuānzhe yìshēn yùndòngzhuāng zài xiǎoqū
早上，她总是穿着一身运动装在小区

li pǎobù. Zhīhòu, tā jiù huì huànshàng zhíyèzhuāng, kāizhe
里跑步。之后，她就会换上职业装，开着

zìjǐ de chē dào gōngsī shàngbān, kāishǐ yì tiān de gōngzuò.
自己的车到公司上班，开始一天的工作。

Suīrán méi jiéhūn, dàn tā tánguo hǎo jǐ cì liàn'ài le. Tā yě bù
虽然没结婚，但她谈过好几次恋爱了。她也不

zhīdao wèi shénme , zǒngshì juéde
知道为什么，总是觉得
nàxiē nánrén bù wánquán fúhé zìjǐ
那些男人不完全符合自己
de yāoqiú , zài jiāshàng gōngzuò hěn
的要求，再加上工作很
máng , gōngzuò yālì búduàn jiādà ,
忙，工作压力不断加大，
hǎoxiàng jiù méiyǒule tán liàn'ài de
好像就没有了谈恋爱的
xīnqíng hé lìqi . Duìyú jiānglái ,
心情和力气。对于将来，
Wáng xiǎojiě shuō : " Wǒ hái méiyǒu
王小姐说："我还没有
xiǎng tài duō , shuō zhēn de , yǐhòu
想太多，说真的，以后
zěnme zǒu , nà shì yǐhòu de shì . "
怎么走，那是以后的事。"

suì le hái méiyǒu jiéhūn ,
36岁了还没有结婚，
xiàng tā zhèyàng de nǚrén háiyǒu
像她这样的女人还有
bù shǎo , tāmen bèi rénmen chēngzuò
不少，她们被人们称作
" shèngnǚ
"剩女 (women who are old
enough for marriage but yet

”， yìsi shì hūnyīn zhōng shèngxià de nǚrén .
to tie the knot)”，意思是婚姻中剩下的女人。

Yǒu shèng nǚ， yě jiù yǒu “shèngnán”， yìsi shì shèng xiàlai
有剩女，也就有“剩男”，意思是剩下来

de nánrén . Yǐjīng niánguò de Lǎo Lǐ， zìjǐ kāile yì jiā
的男人。已经年过40的老李，自己开了一家

gōngsī， dàn shìyè de chénggōng bìng bú yìwèizhe hūnyīn de
公司，但事业的成功并不意味着婚姻的

chénggōng . Shuō qǐ tā bù jiéhūn de lǐyóu， Lǎo Lǐ shuō， tā
成功。说起他不结婚的理由，老李说，他

cóngxiǎo shēnghuó zài yí gè bù wánzhěng de jiātíng li， suǒyǐ duì
从小生活在一个不完整的家庭里，所以对

hūnyīn yìzhí méiyǒu xìnxīn . “Shuō shízài de， wǒ yìzhí xīwàngyǒu
婚姻一直没有信心。“说实在的，我一直希望有

gè jiā， dàn měi cì jiāowǎng zhōng zhǐyào gēn nǚpéngyou yìjiàn bù
个家，但每次交往中只要跟女朋友意见不

yíyàng， wǒ jiù tèbié hàipà， pà jiéhūn hòu chǎojià
一样，我就特别害怕，怕结婚后吵架 (to quarrel)

kě zěnmebàn. Zài zhèzhǒng xiǎngfǎ xià， wǒ xuǎnzéle bù
可怎么办。在这种想法下，我选择了不

jiéhūn." Lǎo Lǐ shuō："Qíshí， wǒ suì de shíhou chàdiǎnjiùr
结婚。”老李说：“其实，我30岁的时候差点儿

jiù jiéhūn le. Wǒ hé nǚpéngyou tánle nián liàn'ài， wǒmen
就结婚了。我和女朋友谈了10年恋爱，我们

yě zhǔnbèi hé biéren yíyàng， jǔxíng yí gè chuántǒng de hūnlǐ.
也准备和别人一样，举行一个传统的婚礼。

Kě jiù zài qù lǐng jiēhūnzhèng de qián yì tiān wǎnshang， wǒmen
可就在去领结婚证的前一天晚上，我们

yīnwèi yìdiǎnr xiǎoshì tūrán chǎo qǐlai le. Wǒmen yǐhòu huì bú
因为一点儿小事突然吵起来了。我们以后会不

huì jīngcháng zhèyàng? Wǒ kǒngjù le yí gè wǎnshang，
会经常这样？我恐惧 (to fear) 了一个晚上，

dì-èr tiān biàn zuòle gè juédìng —— dúshēn shēnghuó， suíhòu jiù
第二天便做了个决定——独身生活，随后就

pǎodào wǒ yí gè wàidì tóngxué nàr qù le." Lǎo Lǐ shuō："Wǒ
跑到我一个外地同学那儿去了。”老李说：“我

yě gēn péngyou shuōguo， shì bu shì zhǎo gè xīnlǐ yīshēngwènwen，
也跟朋友说过，是不是找个心理医生问问，

dàn wǒ yìzhí méi qù， yīnwèi wǒ zhīdào wǒ hàipà shénme..."
但我一直没去，因为我知道我害怕什么……”

Yǒuguān diàochá biǎomíng， Zhōngguó de dānshēn yuèláiyuè
有关调查表明，中国的单身越来越

duō， zhè hěn bù fúhé Zhōngguó de chuántǒng guānniàn .
多，这很不符合中国的传统观念。

Chuántǒng guānniàn rènwéi， nánrén， nǚrén chéngnián hòu jiéhūn
传统观念认为，男人、女人成年后结婚

shì tiānjīng-dìyì de shìqing . Hěn duō rén bú zànchéng zhèzhǒng
是天经地义的事情。很多人不赞成这种

dānshēn de xiǎngfǎ， juéde tāmen bù gǎn miàn duì xiànshí， bù
单身的想法，觉得他们不敢面对现实、不

yuàn chéngdān jiātíng de zérèn， yě bú lìyú shèhuì hé jiātíng
愿承担家庭的责任，也不利于社会和家庭

de jiànkāng fāzhǎn . Yóuqí shì fùmǔ， duì érnǚ de hūnshì
的健康发展。尤其是父母，对儿女的婚事

fēicháng zháojí . Wáng xiǎojiě měi cì huí jiā kàn fùmǔ， bàba
非常着急。王小姐每次回家看父母，爸爸

māma zǒngshì shuō：“Nǐ yě gāi zhǎo nánpéngyou le， zěnme hái
妈妈总是说：“你也该找男朋友了，怎么还

méiyǒu duìxiàng?” Lǎo Lǐ de bàba māma yě huì shuō：“Wǒmen
没有对象？”老李的爸爸妈妈也会说：“我们

děngzhe bào sūnzi ne， zhè jiéhūn de shì nǐ kě děi zhuājǐn le .”
等着抱孙子呢，这结婚的事你可得抓紧了。”

Háiyǒu hěn duō fùmǔ， zuòqǐle tì zǐnǚ bàomíng cānjiā xiāngqīn
还有很多父母，做起了替子女报名参加相亲

jiémù de shìqing . Tāmen dàochù tuō rén zhǎo guānxì， xīwàng
节目的事情。他们到处托人找关系，希望

péngyoumen gěi zìjǐ de háizi jièshào duìxiàng . Hěn duō shèng
朋友们给自己的孩子介绍对象。很多剩

nán， shèngnǚ jiù zài fùmǔ de ānpái xià， búduàn de xiāngqīn .
男、剩女就在父母的安排下，不断地相亲。

Yìxiē rén rènwéi, bù jiéhūn zhèzhǒng xiànxiàng shì kěyǐ
一些人认为，不结婚这种现象是可以
lǐjiě de, dàn bù yīnggāi tíchàng. Yīnwèi bìjìng hūnyīn shì zhǒng
理解的，但不应该提倡。因为毕竟婚姻是种
chuántǒng de xíngshì, yě shì yì zhǒng bìrán de xíngshì, zhǐyǒu
传统的形式，也是一种必然的形式，只有
tōngguò hūnyīn cái néng shēngyù hé péiyǎng xià yí dài. Rúguǒ
通过婚姻才能生育和培养下一代。如果
měi gè rén dōu bù jiéhūn dehuà, nà jiù yìwèizhe rénkǒu zhújiàn
每个人都不结婚的话，那就意味着人口逐渐
jiǎnshǎo, zhěnggè rénlèi dōu huì shòudào yǐngxiǎng.
减少，整个人类都会受到影响。

Zài dānshēng rénqún zhōng, háiyǒu lìngwài yí lèi, jiùshì
在单身人群中，还有另外一类，就是
yǐqián céngjīng jiéguo hūn, yīnwèi mǒu zhǒng yuányīn líhūn le,
以前曾经结过婚，因为某种原因离婚了，
huòzhě fūqī yì fāng qùshì le. Zhèxiē rén dāngzhōng, hěn duō rén
或者夫妻一方去世了。这些人当中，很多人
chóngxīn zǔjiànle jiātíng, dàn yě yǒu xiāngdāng yíbùfen rén yīnwèi
重新组建了家庭，但也有相当一部分人因为
zhǒngzhǒng yuányīn, zhǎobudào héshì de, jiù xuǎnzéle zìjǐ
种种原因，找不到合适的，就选择了自己
shēnghuó, huòzhě zìjǐ dàizhe háizi shēnghuó.
生活，或者自己带着孩子生活。

Yí fèn diàochá jiéguǒ xiǎnshì, nián Zhōngguó yǒu
一份调查结果显示，2010年中国有1.8
yì chéngnián dānshēn rénshì, tāmen dōu xūyào zhǎo duìxiàng.
亿成年单身人士，他们都需要找对象。

bāngzhù tāmen zhēnghūn de wǎngzhàn， bàozhǐ， diànshì jiémù děng
帮助他们征婚的网站、报纸、电视节目等

yě yǒu hěn duō. Yǒu bùshǎo rén tōngguò xiāngqīn wǎngzhàn，
也有很多。有不少人通过相亲网站，

zhǎodàole tāmen de xìngfú， zǔchéngle jiātíng. Zài dānshēn rénqún
找到了他们的幸福，组成了家庭。在单身人群

li， yǒude rén shì juéxīn yìshēng bù jiéhūn de， yě yǒude shì
里，有的人是决心一生不结婚的，也有的是

yīnwèi hěn nán zhǎodào héshì de， yìzhí zài xúnzhǎo， cuòguòle
因为很难找到合适的，一直在寻找，错过了

zuì jiā shíqī.
最佳时期。

Zhōngguóshì Líhūn
中国式离婚

Jīnnián suì de Táng Nà, liǎng nián qián jiéhūn, xiànzài
今年29岁的唐娜，两年前结婚，现在
yǐjīng líhūn le. Tā shuō: "Jiéhūn yǐhòu wǒ cái fāxiàn zhǎocuòle
已经离婚了。她说："结婚以后我才发现找错了
rén. Jiéhūn qián, tā duì wǒ fēicháng hǎo, fēicháng guānxīn wǒ,
人。结婚前，他对我非常好，非常关心我，
měi tiān xiàbān, tā dōu huì zài gōngsī ménkǒu jiē wǒ huíjiā. Jiéhūn
每天下班，他都会在公司门口接我回家。结婚
yǐhòu, tā hěn shǎo guānxīn wǒ
以后，他很少关心我
le, yǒushíhou yì tiān yě bù
了，有时候一天也不
dǎ yí gè diànhuà, jiā li de
打一个电话，家里的
shìqing tā shénme dōu bù guǎn,
事情他什么都不管，
hái chángcháng gēn péngyou chūqu
还常常跟朋友出去
hējiǔ." Zài Táng Nà kànlái,
喝酒。"在唐娜看来，
zhàngfu de zhèxiē zuòfǎ, yǐjīng
丈夫的这些做法，已经

ràng tā wúfǎ rěnshòule, yúshì tā biàn tíchūle líhūn. Méi xiǎng
让她无法忍受了，于是她便提出了离婚。没想
dào zhàngfu Lǐ Qiáng duì Táng Nà yě yǒuhěn duō bù mǎnyì de dìfang,
到丈夫李强对唐娜也有很多不满意的地方，
tā juéde Táng Nà jiéhūn qián piàoliang, wēnróu, jiéhūn hòu hěn lǎn
他觉得唐娜结婚前漂亮、温柔，结婚后很懒
, shénme dōu yāoqiú zhàngfu zuò. Liǎng gè rén dōu duì hūnyīn
(lazy)，什么都要求丈夫做。两个人都对婚姻
shēnghuó bù mǎnyì, suǒyǐ hěn kuài jiù líhūn le.
生活不满意，所以很快就离婚了。

Zhèzhǒng qíngkuàng gēn nián qián xiāngbǐ, yǒu hěn dà
这种情况跟30年前相比，有很大
bùtóng. Zài Zhōngguó chuántǒng guānniàn zhōng, " líhūn "
不同。在中国传统观念中，“离婚”
yìzhí búshì hǎo shìqing. Líhūn shuōmíng mǒu yì fāng duì jiātíng bú
一直不是好事情。离婚说明某一方对家庭不
zhòngshì, bù néng chǔlǐhǎo jiātíng guānxì, zhèyàng de rén yě huì
重视，不能处理好家庭关系，这样的人也会
bèi shèhuì kànbuqǐ de, yóuqí shì líhūn hòu de nǚrén, zài yídìng
被社会看不起的，尤其是离婚后的女人，在一定
chéngdù shang shì shòu shèhuì qíshì de. Yǒu yì
程度上是受社会歧视(discrimination)的。有一
zhǒng shuōfǎ shì " líhūn méi hǎorén, hǎorén bù líhūn ". Rúguǒ
种说法是“离婚没好人，好人不离婚”。如果
yí gè rén suísuíbiànbiàn tíchū líhūn, shuōmíng tā duì shēnghuó
一个人随随便便提出离婚，说明他对生活
de tàidu shì bú rènzhēn de, shuí yuànyì gēn yí gè duì shēnghuó bú
的态度是不认真的，谁愿意跟一个对生活不

rènzhēn de rén dǎjiāodao a ?
认真的人打交道啊?

Rújīn qíngkuàng chūxiànle hěn dà bùtóng , suízhe jīngjì de
如今情况出现了很大不同，随着经济的
fāzhǎn , rénmen duì hūnyīn de guānniàn yě jiànjiàn fāshēngle biànhuà .
发展，人们对婚姻的观念也渐渐发生了变化。
Yǒu rén shuō “ xīn líhūn shídài ” yǐjīng dàolái . XīnZhōngguó
有人说“新离婚时代”已经到来。新中国
chénglì nián lái , Zhōngguórén de hūnyīn zhèng cóng fēicháng
成立60年来，中国人的婚姻正从非常
wěndìng de jiēduàn , jìnrù yí gè dòngdàng shíqī .
稳定的阶段，进入一个动荡(unstable)时期。
Xiànzài rénmen duìdài líhūn zhè yí zhèngcháng shèhuì xiànxiàng ,
现在人们对待离婚这一正常社会现象，
yǐjīng nénggòu lǐjiě , bìngqiě zhèngquè rènshi le . Tóng nián
已经能够理解，并且正确认识了。同20年
qiánxiāngbǐ , Zhōngguó de líhūn shùliàng jīhū shì guòqù de sì bèi
前相比，中国的离婚数量几乎是过去的四倍
zhī duō .
之多。

Bùjǐn niánqīngrén de hūnyīn róngyì fāshēng biànhuà , tāmen
不仅年轻人的婚姻容易发生变化，他们
fùbèi yí dài de hūnyīn yě liàngqǐle hóngdēng . “ Xiànzài háizi
父辈一代的婚姻也亮起了红灯。“现在孩子
dàxué bìyè , kěyǐ zìlì le , jiātíng zérèn yǐjīng wánchéng ,
大学毕业，可以自立了，家庭责任已经完成，
hūnyīn yě kěyǐ búzài còuhe le . ” Nián jìn
婚姻也可以不再凑合(make do with)了。”年近50

suì de Zhāng xiānshēng gǎntàn shuō: " Jiéhūn jìn nián, wǒmen
岁的张先生感叹说："结婚近20年，我们

fūqī de xìnggé yìzhí bùhé, dàn wèile háizi yǒu gè wánzhěng
夫妻的性格一直不和，但为了孩子有个完整

de jiā, wǒ yìzhí rěnshòuzhe hūnyīn dàilái de tòngkǔ." Xiànzài
的家，我一直忍受着婚姻带来的痛苦。"现在

zhōng-lǎonián rén líhūnlǜ yě yǒu shàngshēng de qūshì. Yǒu zīliào
中老年人离婚率也有上升的趋势。有资料

biǎomíng, jǐn nián yì nián, Zhōngguó de líhūn rénkǒu jiù
表明，仅2010年一年，中国的离婚人口就

chāoguòle wànrén. Zhuānjiāchēng, zhè yí shùzì hěn kuàijiāng
超过了120万人。专家称，这一数字很快将

dádào měi nián wàn rén.
达到每年200万人。

Rénmen líhūn de yuányīn xiāngdāng fùzá . Yǒude bù xǐhuan
人们离婚的原因相当复杂。有的不喜欢
duìfāng de xìnggé , yǒude duì hūnyīn bú fù zérèn , yǒude yòu
对方的性格，有的对婚姻不负责任，有的又
àishàngle biéren , yǒude shì jīngjì yuányīnděngděng . Zài líhūn de
爱上了别人，有的是经济原因等等。在离婚的
jiātíng zhōng , yuányīn gè bù xiāngtóng . Gōngsī zhíyuán Xiǎo Zhāng
家庭中，原因各不相同。公司职员小张
shuō : “ Wàimian de shìjiè hěn jīngcǎi , jiā li de shìjiè hěn wúnài
说：“外面的世界很精彩，家里的世界很无奈
. ” Tā juéde yuèláiyuè wúfǎ gēn
(having no alternative way)。”他觉得越来越无法跟
qīzi gōutōng , “ Wǒmen liǎ zài yìqǐ hěn yùmèn , yìjiàn zǒngshì
妻子沟通，“我们俩在一起很郁闷，意见总是
bù yízhì , érqiě hěn róngyì fāshēngzhēngchǎo , suǒyǐ wǒ nìngyuàn
不一致，而且很容易发生争吵，所以我宁愿
liú zài bàngōngshì gēn tóngshìmen duō liáoliao , yě bú yuànyì huíjiā
留在办公室跟同事们多聊聊，也不愿意回家
miànduì tā . ” Xiǎo Zhāng juéde tāmen de hūnyīn kěnéng wéichí
面对她。”小张觉得他们的婚姻可能维持(to
buliǎo tài jiǔ le , rúguǒ zhèyàng guò xiàqu , hái
maintain)不了太久了，如果这样过下去，还
bùrú lí le . Qíshí tāmen yě méi shénme dà de máodùn , dàn
不如离了。其实他们也没什么大的矛盾，但
jiùshì liǎng gè rén kànzhe duìfāng bù shūfu .
就是两个人看着对方不舒服。

Duìyú líhūn de shǒuxù wèntí , rúguǒ shuāngfāng nénggòu
对于离婚的手续问题，如果双方能够

xiéshāng líhūn， shì zuì lǐxiǎng de bànfǎ， tāmen tōngguò tánpàn，
协商离婚，是最理想的办法，他们通过谈判，
jiějué háizi fǔyǎng，cáichǎn fēnpèi děng wèntí． Rúguǒ xiéshāng bù
解决孩子抚养、财产分配等问题。如果协商不
chénggōng， yě yǒu tōngguò fǎlǜ tújìng lái jiějué de．
成功，也有通过法律途径(way)来解决的。

Gēnjù diào chá， suì de rén de líhūnlǜ bǐjiào
根据调查，22—35岁的人的离婚率比较
gāo， suì de rén hūnyīn bǐjiào wěndìng， suì yǐshàng
高，36—50岁的人婚姻比较稳定，50岁以上
de rén xiànzài de líhūnlǜ yǒu shàngshēng de qūshì． Cóng jiàoyù
的人现在的离婚率有上升的趋势。从教育
bèijǐng kàn， xuélì yuè dī， líhūnlǜ yuè gāo； xuélì yuè gāo，
背景看，学历越低，离婚率越高；学历越高，
líhūnlǜ yuè dī． Rújīn， fùnǚ de shèhuì dìwèi hé jīngjì dìwèi
离婚率越低。如今，妇女的社会地位和经济地位
tígāo le， tāmen búzài yīlài nánrén shēnghuó，
提高了，她们不再依赖(rely on)男人生活，
tāmen yǒu gōngzuò， yǒu shōurù， yě yǒu dúlì xuǎnzé hūnyīn de
她们有工作，有收入，也有独立选择婚姻的
quánlì． Zài zhèzhǒng qíngkuàng xià， rénmen de àiqíngguān jiànjiàn
权利。在这种情况下，人们的爱情观渐渐
fāshēngle gǎibiàn． Guòqù， yí wèi jiàoshòu qǔ yí gè nóngmín，
发生了改变。过去，一位教授娶一个农民，
yíyàng guò yíbèizi． Jīntiān， rénmen gèngduō guānzhù xīnlǐ hé
一样过一辈子。今天，人们更多关注心理和
wénhuà jiāoliú， shēnghuó de kuàilè， fūqī shuāngfāng de gǎnqíng
文化交流、生活的快乐，夫妻双方的感情

bèi rènwéi shì zuì zhòngyào de .
被认为是最重要的。

Líhūn huì dàilái xǔduō shèhuì wèntí . Líhūn de zuìdà
离婚会带来许多社会问题。离婚的最大
shòuhàizhě shì zǐnǚ . Hěn duō cóng búxìng hūnyīn zhōng jiětuō
受害者是子女。很多从不幸婚姻中解脱
de fūqī , shūhūle zuì zhòngyào de yì diǎn : yǒngyuǎn wúfǎ
的夫妻，疏忽了最重要的一点：永远无法
cóng zhōng jiětuō de shì háizi . Tāmen nèixīn de tòngkǔ wǎngwǎng
从中解脱的是孩子。他们内心的痛苦往往
yìshēng bù néng xiāochú , tāmen de dānyōu gǎn , bù ānquángǎn ,
一生不能消除，他们的担忧感、不安全感、
kǒngjùgǎn yěxǔ yǒngyuǎn wúfǎ yīzhì . Xiāngguān yánjiū biǎomíng ,
恐惧感也许永远无法医治。相关研究表明，

shēngzhǎng zài fùmǔ bú jiànquán， bú jiànkāng， bú xìngfú de
生长在父母不健全、不健康、不幸福的
hūnyīn jiātíng zhōng de háizi， gēng yì fāshēng fànzuì hé jiāolǜ，
婚姻家庭中的孩子，更易发生犯罪和焦虑、
yìyù ， díduì， bàofù děng xīnlǐ
抑郁 (depression)、敌对、报复 (revenge) 等心理
wèntí. Líhūn de shòuhàizhě qícì shì nǚfāng. Líhūn shí háizi
问题。离婚的受害者其次是女方。离婚时孩子
duōshù qíngkuàng xià huì pàn gěi nǚfāng， zhèxiē māma zài líhūn hòu
多数情况下会判给女方，这些妈妈在离婚后
fùchū de jīnglì hěn dà， shènzhì huì chūxiàn jīngjì wèntí.
付出的精力很大，甚至会出现经济问题。

Búguò zài Zhōngguó， chuántǒng guānniàn réngrán yǒu hěn dà
不过在中国，传统观念仍然有很大
yǐngxiǎng， wěndìng de hūnyīn guānxì réngrán zhàn jué dà duōshù.
影响，稳定的婚姻关系仍然占绝大多数。
Wúshù gè jiātíng zài xiǎngshòuzhe tāmen de xìngfú shēnghuó， líhūn
无数个家庭在享受着他们的幸福生活，离婚
réngrán shì bùdéyǐ de xuǎnzé.
仍然是不得已的选择。

Qīguǎnyán de Biéyàng Xìngfú

“妻管严”的别样幸福

Jiéhūn duō nián lái, Lǎo Wáng zhǐ hé lǎopo chǎoguo yí
结婚20多年来，老王只和老婆吵过一

cì jià. Dāngshí tā hěnyǒu dàoli, bǎ lǎopo pīpíng de shuō bu
次架。当时他很有道理，把老婆批评得说不

chū huà lái, érqiě tā hái kū le. Dànshì, yě jiù shì zhè yí cì,
出话来，而且她还哭了。但是，也就是这一次，

lǎopo zhǎodàole duìfu tā de hǎo bànfǎ, nà jiùshì
老婆找到了对付 (to handle) 他的好办法，那就是

kū. Yīnwèi tā fāxiàn dāng tā kū de shíhou, Lǎo Wáng jiù xīnruǎn
哭。因为她发现当她哭的时候，老王就心软

le , dàoqiàn le .
了，道歉了。

Qíshí , Lǎo Wáng búshì zhēnde pà tā kū , érshì xiǎng yào
其实，老王不是真的怕她哭，而是想要

tā kūguo zhīhòu “ yǔguòtiānqíng ”, tā děi fèi hěn dà de gōngfu .
她哭过之后“雨过天晴”，他得费很大的工夫。

Tā lǎopo búxiàng yǒuxiē nǚrén nàyàng dàshēng de kū , tā zhǐshì
他老婆不像有些女人那样大声地哭，她只是

mòmò de liú lèi , ràng tā yǒu yì zhǒng bùzhīsuǒcuò
默默 (silently) 地流泪，让他有一种不知所措

de gǎnjué . Érqiě , yào zài bǎ tā hǒng
(not know what to do) 的感觉。而且，要再把她哄

kāixīn , yào huā hěn cháng hěn cháng shíjiān . Jiù zhèyàng , suízhe
开心，要花很长很长时间。就这样，随着

lǎopo zhǎngwòle duìfu Lǎo Wáng de fǎbǎo , Lǎo Wáng zài jiā li de
老婆掌握了对付老王的法宝，老王在家里的

dìwèi yuèláiyuè “ dī ” , zhújiàn yóu “ dāngjiāde ” biànchéngle
地位越来越“低”，逐渐由“当家的”变成了

“ qīguǎnyán ” . “ Qīguǎnyán ” shì “ qìguǎnyán ” de
“妻管严”。“妻管严”是“气管炎 (tracheitis)”的

xiéyīn , zhǐ de shì “ bèi qīzi yángé guǎnlǐ
谐音 (homophone)，指的是“被妻子严格管理

de rén ”, “ pà lǎopo de rén ” . Zhèzhǒng “ pà ”, qíshí bú
的人”、“怕老婆的人”。这种“怕”，其实不

shì zhēnzhèng de “ pà ”, bāohánle zhàngfu duì qīzi de ài ,
是真正的“怕”，包含了丈夫对妻子的爱，

zhàngfu yuànyì tīng lǎopo de huà , hǒng lǎopo kāixīn .
丈夫愿意听老婆的话，哄老婆开心。

Wèile bú ràng lǎopo diào yǎnlèi , Lǎo Wáng jiànjiàn bù gǎn rě
为了不让老婆掉眼泪，老王渐渐不敢惹
tā le , yìbān shèjí yuánzéxìng wèntí , jiùsuàn
(to offend) 她了，一般涉及原则性问题，就算
yǒu bùtóng yìjiàn , tā yě zǒngshì ràngzhe tā . Hòulái Lǎo Wáng
有不同意见，他也总是让着她。后来老王
fāxiàn , lǎopo biànde yuèláiyuè “ bùjiǎnglǐ ” , lián tā de gèrén
发现，老婆变得越来越“不讲理”，连他的个人
xíguàn yě kāishǐ gānshè le . Tā chōuyān yǎngchéngle yì tiān chōu yì
习惯也开始干涉了。他抽烟养成了一天抽一
bāo de xíguàn . Lǎopo jūrán xiàng tā fāchūle bù xǔ chōuyān de
包的习惯。老婆居然向他发出了不许抽烟的
jìnlìng , Lǎo Wáng dāngrán bù néng jiēshòu . Tāmen fāshēng-
禁令 (ban)，老王当然不能接受。他们发生
le zhēngchǎo . Tā yǐwéi guò jǐ tiān jiù hǎo le , shuízhī yǒu yì tiān
了争吵。他以为过几天就好了，谁知有一天
xiàbān huíjiā , fāxiàn yān , dǎhuǒjī , yānhuīgāng dōu bú jiàn le . Wèn
下班回家，发现烟、打火机、烟灰缸都不见了。问
lǎopo , tā shuō : “ Rēng le . ” Tā juéde rěnwúkěrěn , gāng
老婆，她说：“扔了。”他觉得忍无可忍，刚
yào fāhuǒ , lǎopo jiù náchūle tā de fǎbǎo . Lǎo Wáng yí kàn
要发火，老婆就拿出了她的法宝。老王一看
yào “ xiàyǔ ” , xīn li jiù xiǎng , suànle ba , rēngdōurēng le ,
要“下雨”，心里就想，算了吧，扔都扔了，
hái néng zěnyàng ? Jiàn tā yì liǎn bú lèyì de yàngzi , lǎopo
还能怎样？见他一脸不乐意的样子，老婆
xiào le : “ Nǐ zhège suìshuo le , yào zhùyì shēntǐ , qíshí wǒ
笑了：“你这个岁数了，要注意身体，其实我

méirēng, fàng zài chúfáng de guìzi li, shízài xiǎngchōu, jiù
没扔，放在厨房的柜子里，实在想抽，就
chōu yì zhī ba. Búguò yì tiān zhǐ néng chōu yì zhī!” Tīngle zhè
抽一支吧。不过一天只能抽一支！”听了这
huà, Lǎo Wáng yǎnlèi chàdiǎnr diào xiàlai... Rújīn Lǎo Wáng
话，老王眼泪差点儿掉下来……如今老王
zhēnzhèng zhīdào zìjǐ wèi shénme huì pà lǎopo le, yīnwèi tā ài
真正知道自己为什么会怕老婆了，因为他爱
tā, tā yě ài tā.
她、她也爱他。

“Qīguǎnyán” nánrén yuèláiyuè duō le, bú shì nánrén de
“妻管严”男人越来越多了，不是男人的
dìwèi dī le, ér shì dǒngde guānxīn, àihù lǎopo de rén
地位低了，而是懂得关心、爱护老婆的人

duō le . Guòqù , “ pà lǎopo ” huì bèi rén kànbuqǐ , juéde
多了。过去，“怕老婆”会被人看不起，觉得
zhège nánrén méiyǒu nénglì , méiyǒu běnshi . Suízhe shídài de
这个男人没有能力，没有本事。随着时代的
biànqiān , nánnǚ dìwèi zhújiàn xiāngduì píngděng , kāishǐ chūxiàn
变迁，男女地位逐渐相对平等，开始出现
“ qīguǎnyán ” xiànxiàng . Pà lǎopo yǐjīng búzài yǔ méi běnshi
“妻管严”现象。怕老婆已经不再与没本事
jiǎndān de huàshàng děnghào , xiànzài pà lǎopo de nánrén yuèláiyuè
简单地画上等号，现在怕老婆的男人越来越
shòu huānyíng .
受欢迎。

Nǚxìng zài jiātíng zhōng de dìwèi zhèng búduàn tíshēng ,
女性在家庭中的地位正不断提升，
“ pà lǎopo ” xíng de jiātíng sìhū yě yuèláiyuè pǔbiàn .
“怕老婆”型的家庭似乎也越来越普遍。
“ Qīguǎnyán ” zài xīn yí dài de yǎnyì zhīxià ,
“妻管严”在新一代的演绎 (to develop) 之下，
yǒule quánxīn de yìyì . Zài duì “ qīguǎnyán ” lǐjiě de diàochá
有了全新的意义。在对“妻管严”理解的调查
zhōng , de nánxìng rènwéi , zài hěn duō qíngkuàng xià ,
中，32.9% 的男性认为，在很多情况下，
nánrén pà lǎopo , bù néng jiǎndān de lǐjiě wéi jùpà ,
男人怕老婆，不能简单地理解为惧怕 (to fear)，
suǒwèi “ pà ” , qíshí shì duì duìfāng de kěndìng hé jìngzhòng .
所谓“怕”，其实是对对方的肯定和敬重。
de nánshì zé biǎoshì , pà lǎopo shíjì shang shì duì
24.1% 的男士则表示，怕老婆实际上是对

lǎopo de lìng yì zhǒng guān'ài fāngshì . Bǐjiào jízhōng de jiěshì
老婆的另一种关爱方式。比较集中的解释
shì , zài jiā li pà lǎopo shēngqì , suǒyǐ bù yǔ lǎopo zhēngzhí ,
是，在家里怕老婆生气，所以不与老婆争执，
ér shì guāiguāi de tīng lǎopo de huà ; pà lǎopo zài jiā li mèn ,
而是乖乖地听老婆的话；怕老婆在家里闷，
suǒyǐ jíshǐ zài máng , yě chōukòngr péi lǎopo kàndiànshì , guàng
所以即使再忙，也抽空儿陪老婆看电视、逛
gōngyuán , shènzhì guàngjiē mǎi yīfu .
公园，甚至逛街买衣服。

Lù Tíng cóngxiǎo dào dà dōushì fùmǔ de zhǎngshàng-míngzhū ,
路婷从小到大都是父母的掌上明珠，
kěyǐ shuō cóngxiǎo jiù péiyǎngle yì zhǒng " wǒ zuìdà , wǒ
可以说从小就培养了一种"我最大，我
zuòzhǔ " de guānniàn . Tā shuō , suīrán yǐqián zhuīqiú zìjǐ de
做主"的观念。她说，虽然以前追求自己的
nánrén , yǒuhěnduō gè fāngmiàn dōu fēicháng yōuxiù , què méiyǒu
男人，有很多各方面都非常优秀，却没有
rén zhēnzhèng nénggòu rěnshòu zìjǐ de píqi , zhídào yùdào
人真正能够忍受自己的脾气，直到遇到
xiànzài de zhàngfu , tā cái ānxīn de bǎ zìjǐ jià gěi tā . Yīnwèi
现在的丈夫，她才安心地把自己嫁给他。因为
wéidú tā nénggòu zhēn de bāoróng , lǐjiě , tǐtiē zìjǐ .
唯独他能够真的包容、理解、体贴自己。
Lù Tíng shuō , huòxǔ zhè jiù shì ài , yīn " pà " shēng " ài ",
路婷说，或许这就是爱，因"怕"生"爱"，
duì lǎopo yòu pà yòu ài , zhèzhǒng nánrén shì hǎo nánrén .
对老婆又怕又爱，这种男人是好男人。

Yí xiàng diàochá xiǎnshì， yǒu de nánrén bǎ zìjǐ
一项调查显示，有55.1%的男人把自己
lièrù pà lǎopo de hángliè. Zhèxiē huànyǒu “qīguǎnyán” de
列入怕老婆的行列。这些患有“妻管严”的
nánshì， cóng zhíyè láikàn， qǐyè lǎobǎn hé gōngsī zhíyuán
男士，从职业来看，企业老板和公司职员
suǒ zhàn bǐlì zuì gāo， fēnbié wéi hé ， qícì
所占比例最高，分别为36%和28.4%，其次
wéi gōngwùyuán， zhàn dào . Zài Jǐnán nánrén yǎn zhōng，
为公务员，占到20%。在济南男人眼中，
“qīguǎnyán” hái zhǔyào biǎoxiàn wéi “sān tiáo jìnlìng”. Jùtǐ
“妻管严”还主要表现为“三条禁令”。具体
wéi： tā fā píqi shí búyào bù lǐ tā， yào gěi tā shíjiān ràng tā
为：她发脾气时不要不理她，要给她时间让她
lěngjìng； liǎng gè rén dōu yǒu fāhuǒ de quánlì， dàn zài tóng yì tiān，
冷静；两个人都有发火的权利，但在同一天，
rúguǒ tā fāhuǒ le， nà nǐ jiù bù kěyǐ fāhuǒ； zài tā xīnqíng
如果她发火了，那你就不可以发火；在她心情
zāogāo fā píqi shí， bàobao tā， ér búshì hé tā zhēnglùn.
糟糕发脾气时，抱抱她，而不是和她争论。

Yǒu yìsi de shì， “qīguǎnyán” men de jiātíng dōu fēicháng
有意思的是，“妻管严”们的家庭都非常
hémù . Nǐ xǐhuan bèi lǎopo guǎn ma? Yǒu gāo dá
和睦(harmonious)。你喜欢被老婆管吗？有高达
de rén biǎoshì xǐhuan. Nǚxìng zài jiātíng zhōng de dìwèi
61.9%的人表示喜欢。女性在家庭中的地位
suī shì zhǔdǎo， dàn zhè bìng bù yìwèizhe nánrén shīqùle guǎnshì
虽是主导，但这并不意味着男人失去了管事

de dìwèi . Zài yìxiē yuánzéxìng wèntí shang , rénmen sìhū háishi
的地位。在一些原则性问题上，人们似乎还是
zhàn zài le zhīchí chuántǒng de wèizhì shang . Dāng wènjí “ nín
站在了支持传统的位置上。当问及“您
juéde zài nín jiā lǐ shuí shuōle suàn ” shí , gāo dá de
觉得在您家里谁说了算”时，高达42.1%的
shòufǎngzhě xuǎnzé le “ dàshì nánrén zuò zhǔ , xiǎoshì nǚrén zuò
受访者选择了“大事男人做主，小事女人做
zhǔ ” .
主”。

Shēn wéi rénmǔ de Dǒng nǚshì shuō : “ Qíshí bìng bú shì shuí
身为人母的董女士说：“其实并不是谁
zuòzhǔ de wèntí , ér shì kàn shuí gèng róngyì zuòchū zhèngquè de
做主的问题，而是看谁更容易做出正确的

juédìng , zài wǒmen jiā , wǒ
决定，在我们家，我
chōngfèn xiāngxìn wǒ xiānsheng
充分相信我先生
de pànduànlì , yě xiāngxìn tā
的判断力，也相信他
de juédìng shì zhèngquè de . ”
的决定是正确的。”
Hé Dǒng nǚshì chí xiāngtóng
和董女士持相同
guāndiǎn de nǚxìng hái zhēn
观点的女性还真
bùshǎo , tāmen pǔbiàn rènwéi ,
不少，她们普遍认为，

duìyú yìxiē jiātíng dàshì de bǎwò , nánxìng zuòchū de juédìng
对于一些家庭大事的把握，男性做出的决定
wǎngwǎng gèng wéi lǐzhì .
往往更为理智。

Lǎo Wáng shuō , “ qīguǎnyán ” yě zhǐshì yīnwèi qīzi ài nǐ ,
老王说，“妻管严”也只是因为妻子爱你，
téng nǐ , cái duì nǐ “ yán ” , “ rúguǒ nǎtiān , nǐ de qīzi
疼你，才对你“严”，“如果哪天，你的妻子
kāishǐ duì nǐ bù wén bú wèn , wǒ xiǎng , nàshí nǐmen de gǎnqíng
开始对你不闻不问，我想，那时你们的感情
yīnggāi shì chū wèntí le . ”
应该是出问题了。”

Tīng qīzi huà duō yìdiǎnr , jiù huì shǎo xiē máobìng ; tīng
听妻子话多一点儿，就会少些毛病；听
qīzi huà gèng duō yìxiē , zuìhòu de shènglì háishi shǔyú nánrén ;
妻子话更多一些，最后的胜利还是属于男人；
néng zhēnxīn shíyì tīng qīzi de huà , jiùshì chǎojià de jiéshù ,
能真心实意听妻子的话，就是吵架的结束，
xìngfú de kāishǐ . Fūqī jiānguānxì suī qiānbiàn-wànhuà , dàn nánrén
幸福的开始。夫妻间关系虽千变万化，但男人
rúguǒ tīngting nǚrén de huà , shēnghuó jiù huì jiǎndān yìxiē .
如果听听女人的话，生活就会简单一些。

Jiāwù Yǒu Fēngōng

家务有分工

Zhāng Lì píngshí hěn shǎo zuò jiāwù, yóuqí bù xǐhuan
张丽平时很少做家务，尤其不喜欢
zuòfàn. "Yīnwèi zuò de bù hàochī, érqiě cóng mǎi cài dào xǐwǎn,
做饭。“因为做得不好吃，而且从买菜到洗碗，
zhōngjiān yǒu hěn duō máfan shì, tài làngfèi shíjiān le!" Duìyú
中间有很多麻烦事，太浪费时间了！”对于
qítā jiāwùhuór, "Zuìhǎo yì kāishǐ jiù xiéshāng
其他家务活儿，“最好一开始就协商 (to discuss)
hǎo. Wǒmen liǎ shíxíng lúnliúzhì, zhè cì
好。我们俩实行轮流制 (system of rotation)，这次
shì wǒ, xià cì jiù huàn tā." Zhāng Lì shuō.
是我，下次就换他。”张丽说。

Yuèláiyuè duō de " hòu" zhèng jìnrù jiātíng shēnghuó,
越来越多的“80后”正进入家庭生活，
tāmen zìjǐ xiǎoshíhou shì zài fùmǔ zhàogù xià zhǎngdà de,
他们自己小时候是在父母照顾下长大的，
céngjīng dōu shì jiā li de "xiǎohuángdì", guòzhe zhǐguǎn
曾经都是家里的“小皇帝”，过着只管
chīfàn, chuānyī de shēnghuó, rújīn tāmen yào miànlín
吃饭、穿衣的生活，如今他们要面临 (to face)
zuòfàn, xǐwǎn, dǎsǎo wèishēng děng jiāwù láodòng.
做饭、洗碗、打扫卫生等家务劳动。

Zài mǒu gōngsī gōngzuò de “ hòu ” Xiǎolín jīnnián gāng
在某公司工作的“80后”晓琳今年刚

jiéhūn, jiéhūn qián lián yīfu dōu shì māma xǐ, hūnhòu tā
结婚，结婚前连衣服都是妈妈洗，婚后她

jiù xiàng biànle yí gè rén, zuòfàn, cā dì, xǐ yīfu, xǐ
就像变了一个人，做饭、擦地、洗衣服、洗

chuángdānbèizhào, jīběn shàngdōushì tā yí gè rénzuò. “Kěnéng
床单被罩，基本上都是她一个人做。“可能

wǒ bǐjiào chuántǒng, juéde zuòwéi yí gè jiātíng zhǔfù, yǒu zérèn
我比较传统，觉得作为一个家庭主妇，有责任

bǎ jiā li shōushi de jǐngjǐngyǒutiáo. Érqiě
把家里收拾得井井有条(in perfect order)。而且

lǎogōng bǐ wǒ gōngzuò máng, zhuàn de yòu bǐ wǒ duō, suǒyǐ wǒ
老公比我工作忙，赚的又比我多，所以我

jiù xīngān-qíngyuàn de zuò le . Wǒ yìbān
就心甘情愿 (be most willing to) 地做了。我一般

ná cā dì dāng duànliàn shēntǐ , hái kěyǐ jiǎnféi . ” Xiǎolín shuō .
拿擦地当锻炼身体，还可以减肥。”晓琳说。

Tā juéde , shēnbiān niánqīngrén zuò jiāwù de shíjiān yuèláiyuè
她觉得，身边年轻人做家务的时间越来越

shǎo le . “ Wǒ de yí duì péngyou , liǎng rén dōushì Běijīng de ,
少了。“我的一对朋友，两人都是北京的，

píngshí jīběn bú zuòfàn , zhōuliù qù nǚfāng jiā , zhōurì qù nánfāng
平时基本不做饭，周六去女方家，周日去男方

jiā . Wǒmen bùmén de yí gè nǚháir , qùnián jiéhūn , měi
家。我们部门的一个女孩儿，去年结婚，每

zhōu dōushì zhǎo xiǎoshígōng zuò jiāwù , liǎng gè xiǎoshí jiù bǎ
周都是找小时工做家务，两个小时就把

jiā li shōushi gànjìng le . ”
家里收拾干净了。”

Cóng xiàndài jiātíng jiégòu láikàn , niánqīngrén hěn duō shì
从现代家庭结构来看，年轻人很多是

dúshēng zǐnǚ , zìjǐ méiyǒu zuò jiāwù de jīngyàn , ér tāmen de
独生子女，自己没有做家务的经验，而他们的

fùmǔ réngrán yǒu zúgòu de jīnglì wèi tāmen zuò jiāwù . Qícì ,
父母仍然有足够的精力为他们做家务。其次，

gè lèi jiāzhèng gōngsī yuèláiyuè duō , niánqīng
各类家政 (housekeeping) 公司越来越多，年轻

fūqī jíshǐ méiyǒu lǎorén bāngmáng , yě kěyǐ qǐng jiāzhèng
夫妻即使没有老人帮忙，也可以请家政

rényuán huòzhě gù bǎomǔ lái zuò jiāwù . Jiāwù láodòng
人员或者雇 (to hire) 保姆来做家务。家务劳动

shèhuìhuà fēngōng de fāzhǎn， jiāyòng diànqì de pǔjí yǐjí jiātíng
社会化分工的发展、家用电器的普及以及家庭
jiégòu de biànhuà， shǐdé " hòu" niánqīngrénxiāngduì yú shàng
结构的变化，使得“80后”年轻人相对于上
yí dài rén， zuò jiāwù de shíjiān yuèláiyuè shǎo， zhè shì shèhuì
一代人，做家务的时间越来越少，这是社会
fāzhǎn de zhèngcháng xiànxiàng， bú shì " hòu" qīngnián
发展的正常现象，不是“80后”青年
tèyǒu de xiànxiàng.
特有的现象。

" hòu" rúhé kàndài jiāwù duìyú jiātíng de zuòyòng?
“80后”如何看待家务对于家庭的作用？

Duōshùrén rènwéi fūqī shuāngfāng gòngdān jiāwù yǒulìyú jiātíng
多数人认为夫妻双方共担家务有利于家庭
wěndìng； yíbùfen rén
稳定；一部分人
rènwéi zuò jiāwù shì duì jiātíng
认为做家务是对家庭
ài de biǎodá； hái yǒu yì xiē rén
爱的表达；还有一些人
rènwéi， néng chéngdān jiāwù
认为，能承担家务
cáishì gùjiā， fù zérèn de
才是顾家、负责任的
biǎoxiàn. Jǐnguǎn shuāngzhígōng
表现。尽管双职工

(husband and wife both

de niánqīng fūqī gèng zhùzhòng jiāwù
having full-time job) 的年轻夫妻更注重家务

láodòng de píngjūn fēndān, dàn hěn duō nánxìng réngrán
劳动的平均分担，但很多男性仍然

bú yuànyì zuò guòduō de jiāwù. Yīncǐ, hěn duō nǚxìng huì
不愿意做过多的家务。因此，很多女性会

qīngxiàng yú zhǎo yí gé yuànyì fēndān jiāwù de nánxìng
倾向于找一个愿意分担(to share)家务的男性

jiéhūn, zhèshì yí gè fùyǒu yìyì de xīnbiànhuà.
结婚，这是一个富有意义的新变化。

Wáng Tíngting shì gè fēicháng piàoliang de nǚ bóshì, tā yǐjīng
王婷婷是个非常漂亮的女博士，她已经

cānjiāle yí gè yuè de diànshì zhēnghūn jiémù. Tā duì nánfāng de
参加了一个月的电视征婚节目。她对男方的

yāoqiú hěn jiǎndān: ài wǒ,
要求很简单：爱我，

wǒ ài, huì zuò bìngqiě yuànyì
我爱，会做并且愿意

zuò jiāwù. Zhǔchírén wèn tā,
做家务。主持人问她，

wèi shénme bǎ huì zuò jiāwù kàn
为什么把会做家务看

de zhème zhòngyào? Tā de
得这么重要？她的

lǐyóu shì: rúguǒ bú yuànyì tì
理由是：如果不愿意替

wǒ zuò jiāwù, nà néng jiào ài
我做家务，那能叫爱

wǒ ma?
我吗？

Zhōngguó yǒu nàme duō jiātíng, měi gè jiātíng dōu shì shuí lái
中国有那么多家庭，每个家庭都是谁来
zuò jiāwù? Kǒngpà dá'àn yě dōushì bù yíyàng de. Dàn wúfēi shì
做家务？恐怕答案也都是不一样的。但无非是
zhè jǐ zhǒng móshì:
这几种模式：

Yī, qīzi zuò jiāwù. Zhè shì chuántǒng guānniàn, suǒwèi
一、妻子做家务。这是传统观念，所谓
"nán zhǔ wài, nǚ zhǔ nèi" shuō de jiù shì zhège yìsi. Zhàngfu
“男主外，女主内”说的就是这个意思。丈夫
quánshēnxīn zài wàimian zhèngqián yǎngjiā, qīzi cāochí jiāwù,
全身心在外面挣钱养家，妻子操持家务，
zhàogù háizi, xǐ yīfu zuòfàn děngděng. Hěn duō nánrén dào
照顾孩子、洗衣服做饭等等。很多男人到
xiànzài háiyǒu zhèzhǒng "dànánzǐ zhǔyì" de guānniàn. Dànshì
现在还有这种“大男子主义”的观念。但是
suízhe nǚxìng shèhuì dìwèi de tígāo, qīzi yíyàng yǒu gōngzuò,
随着女性社会地位的提高，妻子一样有工作，
suǒyǐ zhèzhǒng fāngshì zài hěn dà chéngdù shang fāshēngle biànhuà.
所以这种方式在很大程度上发生了变化。

Èr, fūqī gòngtóng zuò jiāwù. Yǒude jiātíng zhōng
二、夫妻共同做家务。有的家庭中
yǒu yuēdìng, bǐrú shuí huíjiā zǎo shuí zuò jiāwù, bǐrú
有约定，比如谁回家早谁做家务，比如
qīzi zuòfàn, zhàngfu xǐ wǎn, xǐ yīfu, shōushi
妻子做饭，丈夫洗碗、洗衣服、收拾

wūzi . Yǒude jiātíng zhōng méiyǒu yuēdìng, érshì shuāngfāng
屋子。有的家庭中没有约定，而是双方
zìyuàn dōu chéngdān yídìng jiāwù, fūqī hùxiāng tǐliàng
自愿都承担一定家务，夫妻互相体谅 (show
, hùxiāng guānxīn .
understanding for each other)，互相关心。

Sān, zhàngfu zuò jiāwù . Yǒude zhàngfu xīngān-qíngyuàn
三、丈夫做家务。有的丈夫心甘情愿
chéngdān jiāwù láodòng, yóuqí shì Zhōngguó nánfāng de nánrén .
承担家务劳动，尤其是中国南方的男人。
Tāmen duì qīzi fēicháng tǐtiē, rènwéi qīzi chángqī zuò jiāwù huì
他们对妻子非常体贴，认为妻子长期做家务会
shuāilǎo de kuài, suǒyǐ nìngyuàn zìjǐ lái zuò, érqiě tāmen zuò
衰老得快，所以宁愿自己来做，而且他们做
jiāwù de nénglì hěn qiáng .
家务的能力很强。

Sì, lǎorén zuò jiāwù huòzhě zǐnǚ bāngzhe lǎorén zuò .
四、老人做家务或者子女帮着老人做。
Yǒude lǎorén tuìxiūhòu gēn zǐnǚ zài yìqǐ shēnghuó, zǐnǚ
有的老人退休后跟子女在一起生活，子女
shàngbān dōu hěn máng, lǎorén jiù zhǔdòng chéngdānqǐle
上班都很忙，老人就主动承担起了
jiāwù, bǐrú jiēsòng háizi, mǎi cài zuòfàn děngděng . Dāngrán,
家务，比如接送孩子、买菜做饭等等。当然，
zǐnǚmen yě huì xīnténg lǎorén, dàole jié-jiàrì yě huì chéngdānqǐ
子女们也会心疼老人，到了节假日也会承担起
zhǔyào de jiāwù .
主要的家务。

Wǔ, qǐng bǎomǔ lái jiā li zuò jiāwù . Xiànzài yuèláiyuè duō
五、请保姆来家里做家务。现在越来越多
de rén qīngxiàng bǎ jiāwù huójiāo gěi zhuānmén de jiāzhèng gōngsī lái
的人倾向把家务活交给专门的家政公司来
zuò . Zhàngfu hé qīzi zé téngchū gèng duō de shíjiān lái zuò qítā
做。丈夫和妻子则腾出更多的时间来做其他
gōngzuò huòzhě yúlè .
工作或者娱乐。

Lǐxiǎng de jiāwù fēngōng yīnggāi shì shénme yàngzi ? Diàochá
理想的家务分工应该是什么样子？调查
xiǎnshì, de rén rènwéi gōngzuò máng de yì fāng kě shǎo
显示，51.8%的人认为工作忙的一方可少
zuò jiāwù ; de rén biǎoshì méiyǒu fēngōng , yìqǐ zuò ;
做家务；47.6%的人表示没有分工，一起做；
de rén rènwéi nánxìng nǚxìng dōu yīnggāi zuò jiāwù ;
16.9%的人认为男性女性都应该做家务；
de rén rènwéi shōurù gāo de yìfāng kě shǎo zuò jiāwù .
5.2%的人认为收入高的一方可少做家务。
Qíshí lǐxiǎng de jiātíng fēngōng bù néng yígài'érlùn
其实理想的家庭分工不能一概而论 (treat as the
, fūqī shuāngfāng néng bǎochí duì jiātíng de nèiwài gòngxiàn
same)，夫妻双方能保持对家庭的内外贡献
pínghéng jiùshì yì zhǒng lǐxiǎng de jiātíng fēngōng .
平衡 (balance) 就是一种理想的家庭分工。

Bǎi Shàn Xiào Wéi Xiān
百善孝为先

Lǎo Bái jīnnián suì, yǐjīng tuìxiū liǎng nián. Tuìxiū hòu,
老白今年62岁，已经退休两年。退休后，
tā zuì zhòngyào de shì jiùshì zhàogù fùmǔ. Tā de fùmǔ dōu yǐjīng
他最重要的事就是照顾父母。他的父母都已经
suì le, Lǎo Bái fēicháng guānxīn tāmen, jīhū tiāntiān péi zài
92岁了，老白非常关心他们，几乎天天陪在
tāmen shēnbiān.
他们身边。

Lǎo Bái wèi fùmǔ zuòfàn, tèbié zhùyì yíngyǎng
老白为父母做饭，特别注意营养(nutrition)
dāpèi . Jīnnián Chūnjié qián, tā
搭配(combine proportionally)。今年春节前，他
mǔqin tūfā xīnzāngbìng, qíngkuàng fēicháng wēixiǎn. Lǎo Bái
母亲突发心脏病，情况非常危险。老白
láibují duō xiǎng, mǎshàng jiào jiùhùchē, bǎ lǎorén sòng jìn
来不及多想，马上叫救护车，把老人送进
yīyuàn. Hòulái yīnwèi qiǎngjiù jíshí, lǎo mǔqin
医院。后来因为抢救(to rescue)及时，老母亲
tuōlíle wēixiǎn. Zài zhùyuàn de jìn tiān li, jǐnguǎn yīyuàn
脱离了危险。在住院的近20天里，尽管医院
gōngyìng búcuò de yíngyǎng cān, kě Lǎo Bái háishi měi tiān mǎi lái
供应不错的营养餐，可老白还是每天买来

xīnxiān cài， cóng jiā li zuòhǎo sòng guòqu. Tā de cài zuò de
新鲜菜，从家里做好送过去。他的菜做得
fēicháng hǎochī. Lǎo mǔqin fēicháng kāixīn， xīnqíng yě hǎole
非常好吃。老母亲非常开心，心情也好了
hěn duō， tā xiàozheshuō：“Xiàngzài jiā li yíyàng !”
很多，她笑着说：“像在家里一样呢!”

Tā mǔqin de yá bú tài hǎo， chīfàn yě shòu yǐngxiǎng， měi
他母亲的牙不太好，吃饭也受影响，每
tiān zhǐnéng hē xīfàn . Lǎo Bái juéde yíngyǎng bú gòu，
天只能喝稀饭(porridge)。老白觉得营养不够，
yúshì mǎilái niúnǎi， hái xiǎng bànfǎ wèi mǔqin zuò ruǎnlàn de fàncài，
于是买来牛奶，还想办法为母亲做软烂的饭菜，
Měi tiān， měi dùn dōu bù yíyàng， zhèyàng mǔqin chīzhe búhuì juéde
每天、每顿都不一样，这样母亲吃着不会觉得
yànfán. Línjūmen kàndào， fēicháng gǎndòng， shuō：“Nǐ zhège
厌烦。邻居们看到，非常感动，说：“你这个
érzi， zuò de zhēn hǎo， zhēn shì gè dà xiàozǐ!” Lǎo Bái què
儿子，做得真好，真是个大孝子!”老白却
xiàoxiao：“Zhè shì zǐnǚ
笑笑：“这是子女
yīngzuò de.” Fùqin ài
应做的。”父亲爱
chī ròu， Lǎo Bái jīhū
吃肉，老白几乎
tiāntiān shāoròu； mǔqin
天天烧肉；母亲
ài chīcài， tā yě tiāntiān
爱吃菜，他也天天

mǎi, hái bùtíng de biànhuàn yàngshì zuò. Wèile ràng fùmǔ gèng
买，还不停地变换样式做。为了让父母更
hǎo de xīshōu, hái jiānchí ràng tāmen shǎo chī duō cān. Dàrètiān,
好地吸收，还坚持让他们少吃多餐。大热天，
chúfáng li wēndù chángcháng zài duōdù, dàn wèile fùmǔ,
厨房里温度常常在40多度，但为了父母，
tā hái shì jiānchízhe měi dùn zuò sìwǔ gè cài. Wèicǐ, mǔqin
他还是坚持着每顿做四五个菜。为此，母亲
xīnténg Lǎo Bái, rán'ér Lǎo Bái ānwèi tā: "Nǐmen
心疼老白，然而老白安慰(to console)她："你们
de rènwu jiùshì chī, zhǐyào chī de xià, búyào qù guǎn biéde,
的任务就是吃，只要吃得下，不要去管别的，
biéde yǒu wǒmen ne."
别的有我们呢。"

Xiàng Lǎo Bái zhèyàng duì fùmǔ fēicháng xiàoshùn de, háiyǒu
像老白这样对父母非常孝顺的，还有
hěn duō rén. Suǒwèi "xiào", jiùshì yào duì fùmǔ hǎo, bùjǐn
很多人。所谓"孝"，就是要对父母好，不仅
yào jìn zuìdà nénglì ràng tāmen shēnghuó de shūshì, érqiě yào
要尽最大能力让他们生活得舒适，而且要
jīngcháng shǒu zài fùmǔ shēnbiān, péi tāmen shuōhuà, liáotiān,
经常守在父母身边，陪他们说话、聊天，
jiěchú tāmen de gūdú. Suǒwèi "shùn", jiùshì bù néng wéibèi
解除他们的孤独。所谓"顺"，就是不能违背
fùmǔ de yìzhì, yào shùnzhe tāmen de yìsi,
(to violate)父母的意志，要顺着他们的意思，
tīng tāmen de huà. "Xiàoshùn" shì Zhōngguó chuántǒng wénhuà
听他们的话。"孝顺"是中国传统文化

zhōng fēicháng zhòngyào de nèiróng, yě zǎoyǐ zài Zhōngguórén
中非常重要的内容，也早已在中国人
sīxiǎng shēnchù zhāle gēn. Yí gè rén rúguǒ duì zìjǐ de fùmǔ dōu
思想深处扎了根。一个人如果对自己的父母都
bù hǎo, nà tā zěnme huì duì biéren hǎo? Suǒyǐ yí gè rén shìfǒu
不好，那他怎么会对别人好？所以一个人是否
xiàoshùn, chéngle héngliáng tā dàodé de chǐzi, héngliáng tā
孝顺，成了衡量他道德的尺子，衡量他
yǒuméiyǒu xìnyù de gēnběn.
有没有信誉(credibility)的根本。

Zài gǔdài, Zhōngguó shì nóngyè shèhuì, yì jiā yí
在古代，中国是农业社会，一家一
hù, yí gègè cūnzi gòuchéngle shèhuì de jīběn zǔchéng bùfen.
户，一个个村子构成了社会的基本组成部分。

Yì jiā rén shìshìdàidài jūzhù zài mǒu gè cūnzi li , shuí duì fùmǔ
一家人世世代代居住在某个村子里，谁对父母
hěn hǎo , shuí duì fùmǔ yìbān , shuí duì fùmǔ bù hǎo , zhěng
很好，谁对父母一般，谁对父母不好，整
gè cūnzi li de rén dōu huì zhīdào , érqiě huì yǒu píngjià , cūnzi
个村子里的人都会知道，而且会有评价，村子
li de rén yě huì gēnjù zhège biāozhǔn lái juédìng duì yí gè rén de
里的人也会根据这个标准来决定对一个人的
tàidu . Suǒyǐ dàjiā fēicháng zàiyì zìjǐ de míngshēng , bìjìng
态度。所以大家非常在意自己的名声，毕竟
zhè guānxìdào zìjǐ de xíngxiàng . Xiànzài de nóngcūn li yě jīběn
这关系到自己的形象。现在的农村里也基本
shì zhèzhǒng qíngkuàng .
是这种情况。

Zài jiātíng jiàoyù li , “xiào” de jiàoyù fēicháng zhòngyào .
在家庭教育里，“孝”的教育非常重要。

Háizi cóngxiǎo yào dǒngde "xiào", yě jiù shì duì fùmǔ hǎo, tīng
孩子从小要懂得"孝"，也就是对父母好，听
fùmǔ de huà, yǒu lǐmào, dǒng dàolǐ, nǔlì xuéxí děngděng.
父母的话，有礼貌，懂道理，努力学习等等。
Zhōuwéi de rén yě huì àn "xiào" de biāozhǔn píngjià háizi, shuō
周围的人也会按"孝"的标准评价孩子，说
"nǐ kànzhè háizi duō xiàoshùn", kuā fùmǔ de shíhou yě huì shuō:
"你看这孩子多孝顺"，夸父母的时候也会说：
"nín zhēn huì jiàoyù, háizi zhème xiàoshùn".
"您真会教育，孩子这么孝顺"。

Lǎo Bái zhème xiàoshùn, yě huì dàidòng tā shēnbiān de rén.
老白这么孝顺，也会带动他身边的人。
Bǐrú Lǎo Bái de qīzi gēn tā yíyàng, duì zìjǐ de gōngpó yě
比如老白的妻子跟他一样，对自己的公婆也
fēicháng xiàoshùn, tā bǎ gōnggong pópo kàn chéngle zìjǐ de
非常孝顺，她把公公婆婆看成了自己的
bàba māma, xiàng cìhou zìjǐ fùmǔ yíyàng,
爸爸妈妈，像伺候(look after)自己父母一样，
jīngxīn de zhàogù zhe tāmen de shēnghuó. Lǎo Bái de liǎng gè érzi
精心地照顾着他们的生活。老白的两个儿子
suīrán zài wàidì gōngzuò, dàn měi zhōu dōu huì dǎ diànhuà lái,
虽然在外地工作，但每周都会打电话来，
wènhòu fùmǔ hé yéye nǎinai, měi cì huíjiā de shíhou, yě huì
问候父母和爷爷奶奶，每次回家的时候，也会
jǐnliàng gěi yéye nǎinai dài hěn duō lǐwù, péi zài tāmen shēnbiān,
尽量给爷爷奶奶带很多礼物，陪在他们身边，
gěi tāmen jiǎng zìjǐ de gùshi, jiǎng .
给他们讲自己的故事，讲所见所闻。

Zhōngguó gǔdài hái yǒu hěn duō guānyú xiào de gùshi， dōu
中国古代还有很多关于孝的故事，都
yí dài yí dài liúchuánle xiàlái. Dāngrán， yě yǒu yìxiē bú xiào de
一代一代流传了下来。当然，也有一些不孝的
gùshi， zhèxiē gùshi gàosu rénmen， rúguǒ nǐ xiàoshùn， jiù huì
故事，这些故事告诉人们，如果你孝顺，就会
yǒu hǎode jiéguǒ， xiāngfǎn rúguǒ nǐ bú xiàoshùn， yǐhòu de kùnnan
有好的结果，相反如果你不孝顺，以后的困难
jiù huì hěn duō， jiù huì dédào shàngtiān de chéngfá.
就会很多，就会得到上天的惩罚。

Wúlùn shèhuì rúhé fāzhǎn， Zhōngguó guānyú “xiào” de
无论社会如何发展，中国关于“孝”的
wénhuà chuántǒng shì bú huì xiāoshī de. Duì fùmǔ jìn xiàodào，
文化传统是不会消失的。对父母尽孝道，
yě shì yí gè rén jīběn de jiātíng zérèn， bìjìng fùmǔ yǎngyùle
也是一个人基本的家庭责任，毕竟父母养育了
wǒmen， wǒmen yīnggāi huíbào tāmen.
我们，我们应该回报他们。

Zhōngguórén de Jiātíng Guānniàn

中国人的家庭观念

Lǎo Zhào duō suì le, tā hé qīzi, háizi shēnghuó
老赵50多岁了，他和妻子、孩子生活

zài Běijīng, tā de fùmǔ zé shēnghuó zài yìqiān gōnglǐ yǐwài de
在北京，他的父母则生活在一千公里以外的

jiāxiāng. Měi dào jié-jiàrì, Lǎo Zhào jiù yào huí lǎojiā, kànwàng
家乡。每到节假日，老赵就要回老家，看望

zìjǐ de fùmǔ, yì nián yào huíqu wǔ-liù cì. Rúguǒ àirén hé
自己的父母，一年要回去五六次。如果爱人和

háizi yǒushíjiān, Lǎo Zhào jiù huì dài tāmen yìqǐ huíqu, měi cì
孩子有时间，老赵就会带他们一起回去，每次
huíqu dōu gěi niánlǎo de fùmǔ mǎi hěn duō dōngxi, chī de, chuān
回去都给年老的父母买很多东西，吃的、穿
de, yòng de, shénme dōu yǒu. Qián xiē nián Lǎo Zhào mǎile
的、用的，什么都有。前些年老赵买了
liàng qìchē, huí lǎojiā de cìshù jiù gèng duō le. Yóuyú lǎojiā
辆汽车，回老家的次数就更多了。由于老家
zài nóngcūn, dōngtiān de shíhou, jiāli méiyǒu nuǎnqì,
在农村，冬天的时候，家里没有暖气(heater)，
suǒyǐ tā měi nián dōngtiān háiyào jiē fùmǔ lái Běijīng zhù shàng jǐ
所以他每年冬天还要接父母来北京住上几
gè yuè. Tā duì fùmǔ hěnhǎo, duì qīzi, háizi yě shì zhèyàng.
个月。他对父母很好，对妻子、孩子也是这样。
Lǎo Zhào píngshí xiàbān hòu jiù huíjiā, zài jiā li tā zuòfàn, xǐ
老赵平时下班后就回家，在家里他做饭、洗
yīfu, fǔdǎo háizi zuòyè, shénme dōu gàn. Rúguǒ ǒu'ěr
衣服、辅导孩子作业，什么都干。如果偶尔
dānwèi jiābān, huòzhě wǎnshang gēn péngyou chūqu chīfàn, tā huì
单位加班，或者晚上跟朋友出去吃饭，他会
xiān gàosu jiā li, yǒushíhou huì gěi háizi zuòhǎo fàn zài chūlai.
先告诉家里，有时候会给孩子做好饭再出来。
Rénmen dōu shuō, Lǎo Zhào de jiātíng guānniàn fēicháng qiáng.
人们都说，老赵的家庭观念非常强。

Jiātíng guānniàn, shì Zhōngguórén zhǎo nán, nǚ péngyou de
家庭观念，是中国人找男、女朋友的
yí gè zhòngyào tiáojiàn. Qīzi huòzhě zhàngfu dōu xīwàng duìfāng
一个重要条件。妻子或者丈夫都希望对方

gùjiā , yǒu jiātíng zérèngǎn . Dāngrán ,
顾家(family-oriented)，有家庭责任感。当然，
gùjiā bú shì shuō bú yào shìyè hé gōngzuò , yǒu shìyè , gōngzuò
顾家不是说不要事业和工作，有事业、工作
nǔlì yě shì gùjiā de yíbùfen , chúcǐ yǐwài , hái yào shíshí
努力也是顾家的一部分，除此以外，还要时时
xiǎngdào jiātíng , xiǎngdào fùmǔ , qīzi hé háizi . Lǎo Zhào shì
想到家庭，想到父母、妻子和孩子。老赵是
diǎnxíng de gùjiā de nánrén , tā chúle gù xiǎojiā yǐwài , hái gù
典型的顾家的男人，他除了顾小家以外，还顾
fùmǔ . Tā chūqián wèi fùmǔ zài lǎojiā gàiqǐle yí zuò xīnfángzi ,
父母。他出钱为父母在老家盖起了一座新房子，
gěi fùmǔ mǎile bīngxiāng , diànshì , kōngtiáo děngděng . Zài tā
给父母买了冰箱、电视、空调等等。在他

kànlái， jiārén guò de hǎo，
看来，家人过得好，

jiātíng měimǎn duì zìjǐ fēicháng
家庭美满对自己非常

zhòngyào.
重要。

Hěn duō rén xiàng Lǎo Zhào
很多人像老赵

yíyàng， bǎ jiātíng fàng zài
一样，把家庭放在

dì-yī wèi. Zhè yìwèizhe
第一位。这意味着

shénme shì dōu yào xiān kǎolǜ
什么事都要先考虑

jiātíng. Tāmen jiàoyù zǐnǚ
家庭。他们教育子女

yě shì yíyàng， bùjǐn yào
也是一样，不仅要

kǎolǜ zìjǐ， tóngshí yě
考虑自己，同时也

yào kǎolǜ jiātíng. Suǒyǐ
要考虑家庭。所以

hěn duō zǐnǚ yùdào shénme
很多子女遇到什么

shìqing， chángcháng yào tóng
事情，常常要同

fùmǔ shāngliang， shènzhì
父母商量，甚至

jiāzhǎngbāng háizi zuò juédìng . Yǒude zǐnǚ suīrán dàole sān-sìshí
家长帮孩子做决定。有的子女虽然到了三四十
suì de niánlíng , réngrán xūyào gēn fùmǔ shāngliang yìxiē shìqing .
岁的年龄，仍然需要跟父母商量一些事情。
Hěn duō háizi duì fùmǔ de yìjiàn fēicháng zhòngshì , rúguǒ fùmǔ
很多孩子对父母的意见非常重视，如果父母
fǎnduì zhèjiàn shì , tā jiù xūyào zǐxì kǎolǜ , shènzhì fàngqì .
反对这件事，他就需要仔细考虑，甚至放弃。
Yīnwèi tāmen xiāngxìn fùmǔ zǒngshìwèi zǐnǚ hǎo de , lìngwài jiùshì
因为他们相信父母总是为子女好的，另外就是
hěn duō rén bú yuànyì rě fùmǔ bù gāoxìng , pòhuài liánghǎo de
很多人不愿意惹父母不高兴，破坏良好的
jiātíng guānxì .
家庭关系。

Jiātíng guānniàn tǐxiàn zài hěn duō fāngmiàn . Zài Zhōngguó ,
家庭观念体现在很多方面。在中国，
háizi chéngnián , réngrán yīlài fùmǔ de qíngkuàng hěn chángjiàn .
孩子成年，仍然依赖父母的情况很常见。
Yǒude rén duōsuì le , hái méiyǒu jiéhūn , réngrán hé fùmǔ zhù
有的人30多岁了，还没有结婚，仍然和父母住
zài yìqǐ . Huíjiā hòu , fùmǔ jiù yǐjīng zuòhǎo fàn le , shènzhì
在一起。回家后，父母就已经做好饭了，甚至
tā méi láidejí xǐ de yīfu , fùmǔ yě dōu tì tā xǐ le . Tā
他没来得及洗的衣服，父母也都替他洗了。他
jīhū bù zěnme zuò jiāwù , huíjiā jiù shì chīfàn , shuìjiào .
几乎不怎么做家务，回家就是吃饭、睡觉。
Dāngrán , méi jiéhūn yě yǒu bù gēn fùmǔ zhù yìqǐ de , yě yǒu
当然，没结婚也有不跟父母住一起的，也有

fēicháng dúlì de. Dàn zhìshǎo, gēn fùmǔ zhùzài yìqǐ, shìjiàn
非常独立的。但至少，跟父母住在一起，是件
hěn píngcháng de shìqing.
很平常的事情。

Fùmǔ de jiātíng guānniàn tǐxiàn zài duìdài zǐnǚ wèntí shang.
父母的家庭观念体现在对待子女问题上。
Tāmen yuànyì wèi zǐnǚ de xìngfú, wéi zǐnǚ de jiānglái fùchū
他们愿意为子女的幸福、为子女的将来付出
yíqiè. Suǒyǐ hěn duō fùmǔ zài háizi jiéhūn de shíhou, wèi
一切。所以很多父母在孩子结婚的时候，为
háizi mǎi fángzi, mǎi qìchē shénme de, fángzi li de yíqiè dōu
孩子买房子、买汽车什么的，房子里的一切都
tì tāmen mǎihǎo le. Háizimen zhǐyào gāogāoxìngxìng de bān jìnqu
替他们买好了。孩子们只要高高兴兴地搬进去
jiù kěyǐ le. Xiǎo Liú jiùshì zhèyàng de qíngkuàng, bùjǐn rúcǐ,
就可以了。小刘就是这样的情况，不仅如此，
jiéhūn hòu, tāmen hái bǎ háizi jiāo gěi lǎorén dài, xiǎoliǎngkǒu
结婚后，他们还把孩子交给老人带，小两口
zé guòqǐle "dīngkè" fūqī yíyàng de rìzi. Ér
则过起了“丁克(DINK)”夫妻一样的日子。而
Xiǎo Liú de fùmǔ zé gāogāoxìngxìng de dàiqǐle sūnzi, méiyǒu
小刘的父母则高高兴兴地带起了孙子，没有
yìdiǎnr yuànyán. Tāmen juéde zhèyàng wèi érzi jiǎnqīngle
一点儿怨言。他们觉得这样为儿子减轻了
fùdān, yě fēngfùle tāmen de tuìxiū shēnghuó, yì jiā rén
负担，也丰富了他们的退休生活，一家人
kuàikuàilèlè, shì zàihǎo búguò de shìqing le. Ér dāng fùmǔ
快快乐乐，是再好不过的事情了。而当父母

lǎo le， xūyào rén zhàogù de shíhou， zǐnǚmen jiù yào bǎ tāmen
老了，需要人照顾的时候，子女们就要把他们
jiēdào jiā li， zhàogù tāmen de yíqiè.
接到家里，照顾他们的一切。

Jiātíng guānniàn hái tǐxiàn zài duìdài líhūn de wèntí shang.
家庭观念还体现在对待离婚的问题上。
Jiéhūn shì dàshì， líhūn gèng shì dàshì， suǒyǐ měi gè jiātíng
结婚是大事，离婚更是大事，所以每个家庭
dōu huì fēicháng shènzhòng， rènzhēn duìdài. Tāmen huì shǒuxiān
都会非常慎重，认真对待。他们会首先
xiǎngdào， háizi méile fùmǔ zěnmebàn? Zhōuwéi de rén huì duì wǒ
想到，孩子没了父母怎么办？周围的人会对我
zěnmekàn? Wǒ de fùmǔ néng bu néng jiēshòu? děngděng. Yǒu
怎么看？我的父母能不能接受？等等。有
hěnduō jiātíng jíshǐ fūqī shuāngfāng méile gǎnqíng， dàn wèile
很多家庭即使夫妻双方没了感情，但为了
háizi， yě yào wéichízhe. Yǒude děng háizi shàngle dàxué，
孩子，也要维持着。有的等孩子上了大学，
yǒude děng háizi yǒule gōngzuò zài líhūn. Tāmen de guānniàn
有的等孩子有了工作再离婚。他们的观念
jiù shì yào ràng háizi yǒu yí gè wánzhěng de jiā， búyào shānghàile
就是要让孩子有一个完整的家，不要伤害了
háizi. Dāngrán， suízhe shèhuì guānniàn de gǎi biàn， zhè
孩子。当然，随着社会观念的改变，这
zhǒngxiànxiàng yě zài fāshēngzhe biànhuà， líhūnlǜ yòu chūxiànle
种现象也在发生着变化，离婚率又出现了
zēngzhǎng de qūshì.
增长的趋势。

Lǎorén de Gédàiqīn

老人的“隔代亲”

Bùshǎo yéye nǎinai ài shuōzhèyàng de huà: “Sūnzi gēn wǒ zuì
不少爷爷奶奶爱说这样的话：“孙子跟我最
qīn le, yǒu shénme hàochī de shǒuxiān xiǎngdào wǒ!”
亲了，有什么好吃的首先想到我！”

Wáng nǎinai shuō: “Wǒ jiéhūn wǎn, shēng háizi wǎn. Běn
王奶奶说：“我结婚晚，生孩子晚。本
xīwàng wǒ de érzi zǎo diǎnr jiéhūn, zǎo diǎnr shēng háizi, méi
希望我的儿子早点儿结婚，早点儿生孩子，没
xiǎngdào, érzi jiéhūn bǐ wǒ hái wǎn, shēng háizi bǐ wǒ hái
想到，儿子结婚比我还晚，生孩子比我还
wǎn. Wǒ de sūnnü chūshēng de shíhou, wǒ yǐjīng zhěngzhěng
晚。我的孙女出生的时候，我已经整整70
suì le.” Suǒyǐ, Wáng nǎinai hé lǎobànr fēicháng xǐhuan zhège
岁了。”所以，王奶奶和老伴儿非常喜欢这个
xiǎo sūnnü, jiǎnzhí shì yào shénme gěi shénme, yào zěnmeyàng
小孙女，简直是要什么给什么，要怎么样
jiù zěnmeyàng. Yǒu yí cì bànyè de shíhou, xiǎo sūnnü xiǎng hē
就怎么样。有一次半夜的时候，小孙女想喝
kāfēi, Wáng nǎinai jiù qǐchuáng, bāng tā zhǔ kāfēi. Hē wán
咖啡，王奶奶就起床，帮她煮咖啡。喝完
kāfēi, háizi gèng shuìbuzháo jiào le, yào nǎinai péi tā wánr,
咖啡，孩子更睡不着觉了，要奶奶陪她玩儿，

nǎinai jiù péile tā yí yè, jīhū méizěnme shuìjiào. Wáng nǎinai
奶奶就陪了她一夜，几乎没怎么睡觉。王奶奶
duì xiǎo sūnnü bǐ háizi de bàba gèng qīn, zhè jiùshì “gédàiqīn”. Hěn duō lǎorén yǒu “sūnzi liáofǎ”
对小孙女比孩子的爸爸更亲，这就是“隔代亲(grandparental love)”。很多老人有“孙子疗法”
de shuōfǎ, yìsi shì xiǎosūnzi yí xiào, zìjǐ shénme fánxīn shì dōu méiyǒu le, shénme bìng dōu jiǎnqīng le.
的说法，意思是小孙子一笑，自己什么烦心事都没有了，什么病都减轻了。

Gédàiqīn, shì Zhōngguó lǎorén de yí dà lèqù. Hěn duō lǎorén tuìxiū hòu, dōu bāngzhù zínǚ dài háizi, tāmen gēn sūnzi, sūnnü fēicháng qīn, shènzhì dàole nì'ài de chéngdù. Lǎo
隔代亲，是中国老人的一大乐趣。很多老人退休后，都帮助子女带孩子，他们跟孙子、孙女非常亲，甚至到了溺爱的程度。老

rénmen duìyú xiǎoháizi de suǒyǒu yāoqiú dōu huì jǐnliàng mǎnzú,
人们对于小孩子的所有要求都会尽量满足，
gěi háizi tígōng chīde, chuānde, yòngde, bǎ háizi dāngchéng
给孩子提供吃的、穿的、用的，把孩子当成
zìjǐ de bǎobèi. Yǒushíhou háizi de fùmǔ pīpíng, jiàoyù
自己的宝贝。有时候孩子的父母批评、教育
háizi, lǎorénmen dōu huì gānshè, duìyú zìjǐ
孩子，老人们都会干涉(to interfere)，对于自己
de sūnzi, sūnnü yuè kàn yuè xǐhuan, bù yǔnxǔ biéren shuō
的孙子、孙女越看越喜欢，不允许别人说
yìdiǎnr bù hǎo.
一点儿不好。

Zhōng nǚshì zuìjìn jiù yùdàole zhèyàng de fánnǎo. Bùjǐn shì
钟女士最近就遇到了这样的烦恼。不仅是
tā, tā de hǎo jǐ gè tóngshì dōu yǒu yíyàng de fánnǎo. Tā de
她，她的好几个同事都有一样的烦恼。她的

érzi Fēifei jīnnián suì, yóuyú tā hé àirén de gōngzuò dōu tài
儿子飞飞今年4岁，由于她和爱人的工作都太
máng, Fēifei cóngchūshēnghòu gèyuè jiù bèisòngdào lǎojiā, gēn
忙，飞飞从出生后5个月就被送到老家，跟
yéye nǎinai yìqǐ shēnghuó. Qùnián xiàtiān bǎ érzi jiē huíjiā,
爷爷奶奶一起生活。去年夏天把儿子接回家，
Fēifei de nǎinai yě yìtóng guòlai, jìxù zhàogù Fēifei. Jǐ gè yuè
飞飞的奶奶也一同过来，继续照顾飞飞。几个月
lái, Zhōng nǚshì fāxiàn, měi tiān zǎoshang, nǎinai jiào Fēifei
来，钟女士发现，每天早上，奶奶叫飞飞
qǐchuáng, gěi tā chuān yīfu dōu huì yòng bàn gè duō xiǎoshí;
起床，给他穿衣服都会用半个多小时；
Fēifei chī qǐ língshí lái yí dài jiē yí dài, chīfàn chāo
飞飞吃起零食(snacks)来一袋接一袋，吃饭超
búguò sānkǒu jiù pǎo chūqu wán; diànnǎo yóuxì cháng wánr wǔ-liù gè
不过三口就跑出去玩；电脑游戏常玩儿五六个
xiǎoshí. Māma yì pīpíng, háizi jiù dà kū dà nào, nǎinai yě huì
小时。妈妈一批评，孩子就大哭大闹，奶奶也会
gēnzhe kū, tā yě jiù bù gǎn guǎn háizi le.
跟着哭，她也就不敢管孩子了。

Kàndào háizi biànchéng zhèyàng, Zhōng nǚshì hěn wúnài,
看到孩子变成这样，钟女士很无奈，
suīrán zìjǐ jǐnliàng chōu shíjiān péi érzi, gěi tā jiǎng dàolǐ,
虽然自己尽量抽时间陪儿子，给他讲道理，
Dàn Fēifei gēnběn bù tīng māma de huà. Tā ràng háizi de bàba
但飞飞根本不听妈妈的话。她让孩子的爸爸
gěi nǎinai zuò gōngzuò, quàn tā búyào zhèyàng duìdài háizi,
给奶奶做工作，劝她不要这样对待孩子，

Kě nǎinai shuō: "Nǐ shì wǒ dài dà de, zhè bù tǐng hǎode?"
可奶奶说："你是我带大的，这不挺好的？"

Zhōngnǚshì juéde zhè dōushì gédàiqīn dàilái de yǐngxiǎng.
钟女士觉得这都是隔代亲带来的影响。

Lǎorén hé zǐnǚ zài jiàoyù háizi wèntí shang de guānniàn bùtóng, rúguǒ háizi zuò zuòyè dào hěn wǎn, dàduōshù lǎorén huì bàoyuàn, xuéxiào zuòyè zhēn duō, zìjǐ háizi xiǎoshíhou méi zhème kǔ ma, xiànzài bù yě hěn hǎo? Xiànzài de jiàoyù zhēn kàn bu dǒng. Ér fùmǔ pǔbiàn rènwéi, háizi zuò zuòyè zhème màn, kěndìng shì shàngkè méi rènzhēn tīngjiǎng. Xiànzài jiù zhème màn, jiānglái zěnme gēn de shàng...
老人和子女在教育孩子问题上的观念不同，如果孩子做作业到很晚，大多数老人会抱怨，学校作业真多，自己孩子小时候没这么苦嘛，现在不也很好？现在的教育真看不懂。而父母普遍认为，孩子做作业这么慢，肯定是上课没认真听讲。现在就这么慢，将来怎么跟得上……

Lǎorén guānxīn de shì háizi néng bù néng hǎohāo xiūxi, shēntǐ shì bu shì jiànkāng děng, ér jiāzhǎng guānxīn de zé shì háizi de xuéxí zěnmeyàng, huì bu huì luòhòu, jiānglái zài jìngzhēng zhōng néng bù néng shìyìng děng.
老人关心的是孩子能不能好好休息，身体是不是健康等，而家长关心的则是孩子的学习怎么样，会不会落后，将来在竞争中能不能适应(adapt to)等。

Qíshí, zhè shì diǎnxíng de bú qiàdàng de sāndài guānxì.
其实，这是典型的不恰当的三代关系。

Jiàoyù zhuānjiā rènwéi, “gédài” guòyú qīnmì, fǎn'ér huì dǎozhì
教育专家认为，“隔代”过于亲密，反而会导致
qīnzǐ guānxi shūyuǎn, fùmǔ de jiàoyù zérèn
亲子关系疏远 (become estranged)，父母的教育责任
bèi “biānyuánhuà”, zàochéng de jiéguǒ jiùshì yì fāngmiàn zǔbèi
被“边缘化”，造成的结果就是一方面祖辈
guòfèn nì'ài háizi, wúyuánzé de zòngróng háizi;
过分溺爱孩子，无原则地纵容 (to pamper) 孩子；
lìng yì fāngmiàn dǎozhì sūn bèi guòfèn yīlài dàrén, dúlìxìng
另一方面导致孙辈过分依赖大人，独立性
búgòu, róngrù shèhuì de nénglì chà.
不够，融入社会的能力差。

Qíshí, cōngming de lǎorén yīnggāi bāngzhù zǐnǚ jiànlì hé
其实，聪明的老人应该帮助子女建立和
wéihù liánghǎo de qīnzǐ guānxì,
维护良好的亲子关系，
cùjìn háizi yǔ fùmǔ zhījiān
促进孩子与父母之间
duō jiāoliú, duō gōutōng.
多交流、多沟通。
Cōngming de lǎorén, yīng duō
聪明的老人，应多
tíxǐng zǐnǚ: duōjiǔ méi dài
提醒子女：多久没带
háizi chūqu wán le? duōjiǔ
孩子出去玩了？多久
méi gēn háizi tánguo xīn le?
没跟孩子谈过心了？

Dūcù fùmǔ cháng gēn háizi hùdòng. Yéye nǎinai, lǎolao
督促父母常跟孩子互动。爷爷奶奶、姥姥
lǎoye de ài, bù néng dàitì fùmǔ de ài. Cōngming de lǎorén
姥爷的爱，不能代替父母的爱。聪明的老人
chúle chǔlǐ hǎo zhòngyào de jiātíng guānxì zhīwài, yě yīng búduàn
除了处理好重要的家庭关系之外，也应不断
gēngxīn zhīshi, zhǐyǒu zhèyàng, cái néng bú bèi shídài táotài
更新知识，只有这样，才能不被时代淘汰(to eliminate)。

Wúlùn zěnyàng, zài Zhōngguó de jiātíng zhōng, lǎo yí dài
无论怎样，在中国的家庭中，老一代
réngrán bànyǎn zhe zhòngyào juésè, tāmen shǐzhōng
仍然扮演(to play)着重要角色，他们始终
guānxīnzhe hòudài de chéngzhǎng, jīngcháng wèi zǐnǚ chū zhǔyi,
关心着后代的成长，经常为子女出主意、
xiǎng bànfǎ. Zài Zhōngguó de jiā tíng zhōng, yǔ lǎorén chǔ hǎo
想办法。在中国的家庭中，与老人处好
guānxì, réngrán shì jiā tíng xìngfú de yí gè zhòngyào fāngmiàn.
关系，仍然是家庭幸福的一个重要方面。

策　　划：黄友义　王君校　韩　晖　付　眉
责任编辑：杨　晗
英文编辑：范逊敏　薛彧威
封面设计：何思倩

图书在版编目（CIP）数据

我爱我家：汉英对照 / 李禄兴编著. -- 北京 ：华语教学出版社，2018.10
（当代中国微记录）
ISBN 978-7-5138-1637-3

Ⅰ. ①我… Ⅱ. ①李… Ⅲ. ①汉语－对外汉语教学－语言读物 Ⅳ. ①H195.5

中国版本图书馆CIP数据核字(2018)第226471号

我爱我家

李禄兴　李旺斌　编著
*

华语教学出版社有限责任公司出版
（中国北京百万庄大街24号 邮政编码100037）
电话：(86)10-68320585 68997826
传真：(86)10-68997826 68326333
网址：www.sinolingua.com.cn
电子信箱：hyjx@sinolingua.com.cn
北京玺诚印务有限公司印刷
2019年（32开）第1版
2019年第1版第1次印刷
ISBN 978-7-5138-1637-3
定价：38.00元